Basiswissen

Politik / Geschichte / Ökonomie

Gretchen Binus / Beate Landefeld
Andreas Wehr

Staatsmonopolistischer Kapitalismus

PapyRossa Verlag

3. Auflage 2024
2., durchgesehene Auflage 2015

Luxemburger Str. 202, D-50937 Köln
Tel.: +49 (0) 221 – 44 85 45
Fax: +49 (0) 221 – 44 43 05
E-Mail: mail@papyrossa.de
Internet: www.papyrossa.de

Druck: Interpress

Die Deutsche Nationalbibliothek verzeichnet diese Publikation in der Deutschen Nationalbibliografie; detaillierte bibliografische Daten sind im Internet über http://dnb.d-nb.de abrufbar

ISBN 978-3-89438-561-3

Inhalt

Die Abschnitte wurden verfasst von:
Gretchen Binus: I., II., III.1.
Beate Landefeld: III.2., IV.
Andreas Wehr: III.3.

I.
Entstehung des staatsmonopolistischen Kapitalismus (SMK)

Seit Beginn der weltweiten Finanz- und Wirtschaftskrise 2007/2008 und der milliardenschweren staatlichen Rettung bankrotter Großbanken ist die Kapitalismuskritik wieder stärker geworden. Auch taucht zur Charakterisierung des gegenwärtigen Gesellschaftssystems wieder der Begriff des staatsmonopolistischen Kapitalismus (abgekürzt: Stamokap oder SMK) auf, denn in allen führenden kapitalistischen Ländern greift der Staat zur Bewältigung der Krise direkt mit seiner ökonomischen und politischen Potenz in den Wirtschaftsprozess ein. Schließlich geht es um die Existenz dieses Systems, in erster Linie aber um die Aufrechterhaltung der monopolistischen Macht. Grund genug, dem engen Beziehungsgeflecht von Staat und Monopolen auch von Seiten der marxistischen Analyse wieder mehr Beachtung zu schenken.

1.
Monopolkapitalismus, Imperialismus, allgemeine Krise des Kapitalismus

In der marxistischen Linken war die Theorie des staatsmonopolistischen Kapitalismus über Jahrzehnte fester wissenschaftlicher Bestandteil der Auseinandersetzung mit dem Kapitalismus.

Ihr theoretisches Gebäude mit dem Kernpunkt der widerspruchsvollen Wechselbeziehung von *Staat und Monopolen* und deren Wirkung auf die gesamte Gesellschaft entstand mit den Veränderungen in den kapitalistischen Produktionsverhältnissen im letzten Viertel des 19. Jahrhunderts, dem Übergang zum Monopolkapitalismus. Es ist das geschichtliche Stadium, das den Kapitalismus der freien Konkurrenz ablöste. Kennzeichen dieser Periode war die Gründung von Großkonzernen in Industrie, Handel und Finanzwesen im Gefolge der Konzentration und Zentralisation von Produktion und Kapital. Als Reaktion auf die schnelle Produktivkraftentwicklung durch Nutzung wissenschaftlich-technischer Erkenntnisse wandelten sich in den damals führenden Staaten der Welt die Kapitalstrukturen. Mit der Bildung von Aktiengesellschaften, von Trusts und Kartellen sowie der zunehmenden Rolle des Kredits erhielt die Kapitalakkumulation neue Entfaltungsmöglichkeiten, was sich gravierend auf die gesamte ökonomische und politische Verfasstheit der Gesellschaft auswirkte. Der Übergang zum Monopolkapitalismus gilt als eine bedeutende Zäsur in der Entwicklung des Kapitalismus. Konzernnamen wie Bayer, BASF, Siemens, AEG, Krupp, Thyssen, Deutsche Bank, Commerzbank, Daimler, Allianz u. a. stehen bis heute für die Herausbildung der Monopolmacht in Deutschland.

Von Beginn an vollzog sich dieser Umbruch unter Nutzung staatlicher Potenzen oder, wie Georg Fülberth[1] schreibt, durch »Selbstorganisierung des Kapitals« *und* »Unterstützung dieser Selbstorganisierung durch den Staat«. Die Einbeziehung des Staates wurde ein Element im Zusammenhang mit der Herausbildung mächtiger Monopole. Zur gleichen Zeit bildeten diese Unternehmen Interessenverbände – wie der 1876 gegründete *Centralverband Deutscher Industrieller* oder der 1895 ins Leben gerufene *Bund der Industriellen*. Sie waren bestrebt,

1 Fülberth, 2011, S. 62

Einfluss auf den Staat zur Durchsetzung ihrer Forderungen zu nehmen. Das deutsche Patentgesetz von 1877 legt davon Zeugnis ab.[2]

Marxistische Theoretiker analysierten diese Entwicklung als Folge der inneren Widersprüche der Kapitalverwertung, die den Kapitalismus immer stärker dazu zwingen, dem wachsenden gesellschaftlichen Charakter der Produktivkräfte mit Formen des »Gesellschaftskapitals« zu entsprechen, *ohne die bestehende Gesellschaftsordnung zu überwinden*. Marx hatte darauf verwiesen, dass im Zusammenhang mit der Bildung von Aktiengesellschaften die kapitalistische Produktionsweise innerhalb dieser Produktionsweise selbst aufgehoben wird, dieser Widerspruch in gewissen Sphären das Monopol herstellt und daher die »*Staatseinmischung*« herausfordert.[3]

Friedrich Engels befasste sich 1890 mit der Wechselwirkung zwischen Staat und ökonomischer Entwicklung und stellte fest: »Die Gewalt (d. h. die Staatsmacht) ist auch eine ökonomische Potenz!«[4]

Zwei Jahrzehnte später charakterisierte Rudolf Hilferding die Beziehung von Monopol und Staat im Zusammenhang mit der Weiterentwicklung zum Finanzkapital: »Das Finanzkapital bedeutet die Vereinheitlichung des Kapitals. Die früher getrennten Sphären des industriellen, kommerziellen und Bankkapitals sind jetzt unter die gemeinsame Leitung der hohen Finanz gestellt, zu der die Herren der Industrie und der Banken in inniger Personalunion vereint sind. Diese Vereinigung selbst hat zur Grundlage die Aufhebung der freien Konkurrenz des Einzelkapitalisten durch die großen monopolistischen Vereinigungen. Damit ändert sich naturgemäß auch das Verhältnis der Kapitalistenklasse zur Staatsmacht.«[5]

---

2 Vgl. Sonnemann, 1965
3 Marx, 1969, III, S. 454
4 Engels, 1967, Brief an Conrad Schmidt 27. Oktober 1890
5 Hilferding, 1947, S. 408

Auf diese Erkenntnisse stützte sich Wladimir Iljitsch Lenin. Er bezeichnete das ökonomische Monopol als den Kern der ganzen Sache und kennzeichnete zugleich den Übergang des monopolistischen in den staatsmonopolistischen Kapitalismus als »die Vereinigung der Riesenmacht des Kapitalismus mit der Riesenmacht des Staates zu einem einzigen Mechanismus, der viele Millionen Menschen in einer einzigen Organisation des Staatskapitalismus erfasst«.[6]

Andere marxistische Theoretiker haben sich ebenfalls in dieser Periode und danach dem Beziehungsgeflecht von Wirtschaft und Politik gewidmet. Sowohl Karl Kautsky, Nikolai Bucharin und Rosa Luxemburg als auch, nach dem Ersten Weltkrieg und den revolutionären Bewegungen, Antonio Gramsci und Eugen S. Varga gingen in theoretischen Studien auf die Rolle des Staates im sich entwickelnden kapitalistischen Gesellschaftssystem ein.

Dass in dem Beziehungsgeflecht von Ökonomie und Politik das spezifische Verhältnis von Monopolen und Staat zum entscheidenden Knotenpunkt in der Entwicklung des Kapitalismus wird, steht in einem engen Zusammenhang mit drei historischen Entwicklungssträngen dieses Systems seit dem Übergang zum 20. Jahrhundert: dem Monopolkapitalismus, dem Imperialismus und der allgemeinen Krise des Kapitalismus.

Bei aller Differenziertheit ihrer Begrifflichkeit, ihres Stellenwerts in der kapitalistischen Entwicklung und ihrer politischen Wertung ist das Gemeinsame dieser drei Prozesse durch das enger werdende Beziehungsgeflecht von Staat und Monopolen geprägt – dem entscheidenden Kennzeichen des staatsmonopolistischen Kapitalismus. Jede dieser Erscheinungen mit den typischen Merkmalen von Kapitalverwertungsproblemen, neuen Konkurrenzverhältnissen, imperialistischen Rivalitäten oder krisenhaften Prozessen stellt erhöhte Anforderungen an eine

---

6 Lenin, 1959, S. 401

stärkere Einbindung des Staates in den Profitmechanismus des Kapitalismus.

Genereller Ausgangspunkt für die staatsmonopolistische Entwicklung bleibt der *Monopolkapitalismus*, da mit dieser Entwicklungsstufe die Grundlagen für die engen Beziehungen von Monopolen und Staat gelegt wurden: Großkonzerne prägen aufgrund ihrer wirtschaftlichen Macht die ökonomischen Zusammenhänge, die nationalen und internationalen Wirtschaftsbeziehungen und wirken bestimmend auf die Politik ein. Ohne Analyse ihrer Strategien sind alle anderen gesellschaftlichen Prozesse bis in die heutige Zeit nicht zu erfassen; denn es geht mit ihrer Expansion in neue Märkte und Gebiete um ökonomische und politische *Bedingungen*, unter denen sich der Kapitalismus auf der einen Seite neue Entwicklungspotenziale, auch Zivilisationsfortschritte erschließt, auf der anderen Seite zugleich soziale und gesellschaftliche Konflikte und Krisen hervorruft. Und mit dieser Entwicklung ist unvermeidlich auch die wachsende Tendenz von Parasitismus und Fäulnis im Kapitalismus gegeben. Lenin klagte darüber, dass diese Seite bei den meisten Betrachtungen »nicht genügend beachtet wird«. Heute gibt es mit der Anhäufung von Geldkapital in den Händen Weniger ganz andere Dimensionen von Korruption und Bestechung als zu Lenins Zeiten, und die wachsende Kriegswirtschaft und ausufernde Rüstung machen einen »Parasitismus im Quadrat« immer offensichtlicher.

Der *Imperialismus* bildete einen weiteren Ansatz zur Ausprägung des staatsmonopolistischen Kapitalismus. Häufig wird er als eine neue Etappe, Ära, Phase, als besonderes monopolkapitalistisches Stadium des Kapitalismus bezeichnet. Eine Vielzahl theoretischer Diskussionen, besonders in der deutschen Sozialdemokratie, befasste sich Ende des 19. und Anfang des 20. Jahrhunderts mit dem Begriff »Imperialismus«, da in dieser Zeit die politischen Bestrebungen der rivalisierenden kapitalistischen Großmächte wie England, Frankreich und Deutschland nach räumlich-territorialer Erweiterung ihrer Herrschaftssphäre im Mittelpunkt der Auseinandersetzungen standen. Von der Herrschaftselite wurde mit Blick auf den Schutz der Kolonien und neue koloniale Eroberungen auf einen starken Staat mit seinem Gewaltmonopol gesetzt – als Voraussetzung zur Realisierung und Erhaltung imperialer Macht.

Die marxistischen Theoretiker dieser Zeit bezogen sich daher in ihren Analysen besonders auf diesen inneren Zusammenhang von Ökonomie und Politik. Rudolf Hilferding, Rosa Luxemburg, Karl Kautsky und Nikolai Bucharin sahen in der monopolistischen Machtstruktur und Wirtschaftskraft die Grundlage für den Imperialismus und hoben besonders die Rolle der Politik und damit auch des Staates in der für sie neuesten Entwicklung des Kapitalismus hervor. Den Imperialismus charakterisierten sie als politische Folge und Begleiterscheinung des Kapitalismus. Hilferding schrieb 1910: »Ökonomische Macht bedeutet zugleich die Verfügung über die Machtmittel der Staatsgewalt. Je stärker die Konzentration in der wirtschaftlichen Sphäre, desto unumschränkter die Beherrschung des Staates.«[7] Nach Rosa Luxemburg ist »der Imperialismus … der politische Ausdruck des Prozesses der Kapitalakkumulation in ihrem Konkurrenzkampf um die Reste des noch nicht mit Beschlag belegten nichtkapitalistischen Weltmilieus.«[8] Und Nikolai Bucharin unterstrich 1915 die Notwendigkeit der Untersuchung der Struktur des modernen Kapitalismus, auf der die »Expansionspolitik« beruht: »Wir haben den Imperialismus als die Politik des Finanzkapitals definiert. Dadurch wird auch ihre funktionelle Bedeutung aufgedeckt. Sie ist der Träger der finanzkapitalistischen Struktur, sie unterwirft die Welt der Herrschaft des Finanzkapitals.«[9]

---

7 Hilferding, 1955, S. 561
8 Luxemburg, 1975, S. 391
9 Bucharin, 1929, Dritter Abschnitt, 9. Kapitel

Besonders in den imperialismustheoretischen Debatten vor dem Ersten Weltkrieg wurde angesichts der Rivalitäten der Großmächte und der wachsenden Kriegsgefahr auf die in den ökonomischen Grundlagen liegenden Ursachen für die imperialistische Politik verwiesen. Lenin bezog sich in seiner 1916 verfassten Schrift »Der Imperialismus als höchstes Stadium des Kapitalismus« auf die Analysen Hilferdings und schrieb im Vorwort: »Ich will hoffen, dass meine Schrift dazu beitragen wird, sich in jener ökonomischer Grundfrage zurechtzufinden, ohne deren Studium man nicht im geringsten verstehen kann, wie der jetzige Krieg und die Politik einzuschätzen sind, nämlich in der Frage nach dem ökonomischen Wesen des Imperialismus.«[10]

Die wichtigsten Merkmale des Imperialismus fasste Lenin in folgender Kurzdefinition zusammen: »Der Imperialismus ist der Kapitalismus auf jener Entwicklungsstufe, wo die Herrschaft der Monopole und des Finanzkapitals sich herausgebildet, der Kapitalexport hervorragende Bedeutung gewonnen, die Aufteilung der Welt durch die internationalen Trusts begonnen hat und die Aufteilung des gesamten Territoriums der Erde unter die größten kapitalistischen Länder abgeschlossen ist.«[11]

Aus den objektiven ökonomischen Bedingungen dieser Entwicklung leitet Lenin auch Veränderungen in der Politik ab. Er bezeichnet den politischen Überbau über der neuen Ökonomik als »Wendung von der Demokratie zur politischen Reaktion«. Nach seiner Auffassung genügt es deshalb nicht, die Politik der Monopole zu bekämpfen, »denn ein Kampf gegen die Politik der Trusts und Banken, der die ökonomischen Grundlagen der Trusts und Banken unberührt lässt, läuft auf bürgerlichen Reformismus und Pazifismus hinaus. Auf harmlose und fromme Wünsche.«[12]

---

10 Lenin, 1960

11 Lenin, 1960, S. 269 f.

12 Lenin, 1960, S. 290

Lenin hat den Begriff *Imperialismus* synonym für Monopolkapitalismus gebraucht, d.h. sowohl für die ökonomische Basis als auch für die Politik in der neuen Etappe des Kapitalismus. Nikolai Bucharin hingegen definiert ihn als »Politik des Finanzkapitalismus, d.h. eines hochentwickelten Kapitalismus, der eine gewisse und äußerst bedeutende Organisation der Produktion voraussetzt«, und zugleich als eine »Form des Konkurrenzkampfes in der Epoche des Finanzkapitalismus« unter Ausnutzung der Staatsmacht als Kampfmethode.[13] Wesentlich ist die daraus gewonnene marxistische Erkenntnis, dass auf der Basis der Monopolmacht mit ihrer Verfügung über gewaltige ökonomische Potenziale und ihres Drangs nach äußerer Expansion der Imperialismus die Gewaltpolitik zur Sicherung und Erweiterung der Herrschaft kapitalistischer Großmächte ist. Und das ist er bis in die heutige Zeit geblieben, mit seinen neuen Kriegen – als »neuer Imperialismus« in seinen gegenwärtigen Erscheinungsformen.

Die Allgemeine Krise des Kapitalismus ist ein dritter Strang in der theoretischen Ableitung des SMK. Von vielen Marxisten des vergangenen Jahrhunderts wurde sie als eine historische Krise des Kapitalismus in seiner Gesamtheit, als eine lang anhaltende Krise des Gesellschaftssystems gesehen. Ihr Beginn wurde mit der Herausbildung des Monopolkapitalismus als »Niedergangsprozess« der kapitalistischen Gesellschaftsformation begründet, ihr Hervortreten mit den Folgen der ungleichmäßigen ökonomischen und politischen Entwicklung in Zusammenhang gebracht; denn diese äußerten sich in der Verschärfung der Widersprüche, der Zunahme krisenhafter Entwicklungen und des Klassenkampfs und damit generell im Zerfall des Kapitalismus als System. Der SMK gilt daher mit seiner Funktion, die Kapitalakkumulation zu sichern, als Anpassung des Imperialismus an die veränderte Gesamtsituation.

13 Bucharin, 1929, Vierter Abschnitt, 12. Kapitel, Dritter Abschnitt, 9. und 11. Kapital

Offen trat die allgemeine Krise in der kapitalistischen Entwicklung zum ersten Mal mit der äußersten Zuspitzung der imperialistischen Gegensätze im Ersten Weltkrieg hervor, den revolutionären Kämpfen der Arbeiterklasse in Europa und vor allem mit der russischen Oktoberrevolution 1917 sowie der Bildung des ersten sozialistischen Staates. Von da an, besonders aber nach dem Zweiten Weltkrieg mit dem Entstehen des sozialistischen Weltsystems und dem Zusammenbruch des Kolonialsystems, wird die allgemeine Krise im marxistischen Theoriegebäude über einige Jahrzehnte nicht nur aus den inneren Widersprüchen des Kapitalismus, sondern vor allem aus der Wechselwirkung des Kampfes der beiden Weltsysteme abgeleitet.

Der ungarische marxistische Wirtschaftswissenschaftler Eugen Varga, der seit 1920 in der Sowjetunion wirkte, gilt als Begründer der Theorie der allgemeinen Krise. Er untersuchte, inwiefern sich diese Krise von den gewöhnlichen unterscheidet, ob sie eine vorübergehende Erscheinung ist oder ein Schritt zur vollständigen Zersetzung der kapitalistischen Gesellschaftsordnung, welche Unterschiede es zur zyklischen oder der gewöhnlichen Überproduktionskrise gibt und was die langfristigen Veränderungen im Gesamtzustand des Weltkapitalismus sind.

In seiner Schrift »Die Niedergangsperiode des Kapitalismus«[14] aus dem Jahr 1922 skizziert Varga Grundzüge und Wesen des Niedergangs. Er sieht ihn im Zerfall der Weltwirtschaft infolge der anarchischen Entwicklung der kapitalistischen Produktionsweise und benennt Züge einer lang anhaltenden Krise wie den chronischen Überfluss an fixem Kapital, das Entstehen einer chronischen Arbeitslosigkeit, die Ersetzung der Akkumulation durch fortschreitende Verarmung, den Zusammenbruch des Kreditsystems, die Deformation des Krisenzyklus. Mit der Analyse der *Neustabilisierung des Kapitalismus* in den 20er Jahren und der Weltwirtschaftskrise 1929–1933 bezieht Varga die

14 Varga, 1982, S. 281 ff.

internationalen Bedingungen, die veränderte Weltsituation in die Bestimmung des Wesens der allgemeinen Krise ein. Nach seiner Definition ist die allgemeine Krise »jene Periode des Imperialismus, in der sich der sterbende Kapitalismus in einen zum Teil bereits gestorbenen Kapitalismus verwandelt hat«. Er verweist darauf, dass der Niedergangsprozess des Kapitalismus »eine ständige politische Krise zur Folge« hat – mit einer Zersplitterung der parlamentarischen Parteien, ihrer Unfähigkeit zur selbstständigen Politik. »Nur die Notwendigkeit, das revolutionierende Proletariat niederzuhalten, einigt zeitweise die hadernden Schichten und Parteien.«[15]

Die Aussagen Vargas zur allgemeinen Krise – ihren Begriff hat er ebenfalls geprägt – haben Eingang in weitere marxistische Ausarbeitungen gefunden. In einer Monographie des Instituts für Internationale Politik und Wirtschaft (IPW) Berlin[16] wird *die allgemeine Krise als eine besondere historische Periode im Niedergangsprozess des Kapitalismus* bezeichnet, in der sich die Bedingungen der historischen Ablösung des Kapitalismus herausbilden. Sie sei daher kein neues Stadium, sondern eine *Systemkrise* des Kapitalismus, die alle Seiten des gesellschaftlichen Lebens, die Wirtschaft, die Politik, die Ideologie und die Kultur umfasst. Daher könne sie auch nicht durch die Kräfte des herrschenden Systems überwunden werden, sondern nur durch eine grundlegende sozialökonomische Umgestaltung zur Errichtung sozialistischer Produktionsverhältnisse. *Erste* entscheidende Bedingung dafür ist ein revolutionärer Übergang und eine entsprechende Stärke des subjektiven Faktors. Solange diese nicht gegeben sind, wird der Kapitalismus weiter bestehen. Er wird Möglichkeiten finden, sich mit neuen Bewegungsformen des Monopolkapitals den sich wandelnden Bedingungen anzupassen. Darin eingeschlossen sind die weitere

15 Varga, 1982, S. 296, 297
16 Autorenkollektiv, 1976

Vertiefung ökonomischer und politischer Widersprüche, neue gesellschaftliche Konflikte und die zunehmende Labilität und Fäulnis des Kapitalismus. Als eine *zweite* besondere Bedingung der historischen Ablösung des Kapitalismus wird die Entfaltung der engen Wechselwirkung von inneren und äußeren Widersprüchen hervorgehoben. Vor allem wird dem revolutionären Weltprozess, insbesondere der Entwicklung des Sozialismus ein erstrangiger Stellenwert zugeordnet, da dieser sowohl als Faktor zur Stärkung der Kampfpositionen der Arbeiterklasse in den kapitalistischen Ländern als auch als Triebkraft für Krise und Zerfall des imperialistischen Kolonialsystems wirkt.

Bereits Varga hatte nach dem Zweiten Weltkrieg in einer seiner letzten Schriften die Charakterisierung von drei Etappen der allgemeinen Krise anhand einer Bestimmung ihrer Haupttriebkräfte vorgenommen.[17] Diese Etappenbestimmung, die in der marxistischen Kapitalismusforschung bis in die 1980er Jahre von Bedeutung war, kann hier nur kurz angedeutet werden[18]:

- Die erste Etappe begann mit dem Ersten Weltkrieg und der Oktoberrevolution und endete mit dem Zweiten Weltkrieg. Der Kapitalismus verlor ein Sechstel der Erde als Machtsphäre, die Krise des imperialistischen Kolonialsystems wurde eingeleitet, die ökonomischen Widersprüche verschärften sich. Am Beginn der ersten Etappe bildet sich zugleich das *System des staatsmonopolistischen Kriegskapitalismus* heraus.
- Die zweite Etappe vom Ende des Zweiten Weltkrieges bis in die Mitte der fünfziger Jahre ist durch das Ausbrechen weiterer Länder aus dem kapitalistischen Weltsystem und den offenen Zerfall des Kolonialsystems geprägt. Im Westen spricht man vom »goldenen Zeitalter«, da es »für die europäischen Staaten und Japan von höchster Priorität war,

17 Varga, 1961, S. 1 ff.
18 Autorenkollektiv, 1986, S. 604 ff.

sich vom Krieg zu erholen«.[19] In dieser Periode wird das staatliche Instrumentarium zur Regulierung der Wirtschaft ausgebaut. Gegen Turbulenzen in den weltwirtschaftlichen Beziehungen werden internationale Organisationen gebildet.

- Der Beginn der dritten Etappe wurde Ende der 50er Jahre angesetzt – d.h. ohne dass ein Weltkrieg vorangegangenen war und obwohl eine hochentwickelte Kapitalherrschaft auf eine ökonomische und politische Stabilisierung durch umfangreiche Staatsinterventionen setzen konnte. Seit Beginn der 70er Jahre jedoch sprach man von einer *»besonderen qualitativen Verschärfung«* der allgemeinen Krise.
- Ausschlaggebend für die neue Phase war die seit Beginn der 70er Jahre einsetzende, lang anhaltende Überakkumulationskrise mit ihren sozialen Folgen, zunehmender politischer Labilität, wachsenden kulturellen und moralischen Verfallserscheinungen und verschärften internationalen Konflikten. Neue Staatsaktivitäten werden jetzt für den Funktionsmechanismus des Kapitalismus zu einer unabdingbaren Notwendigkeit, zumal für das Monopolkapital veränderte Konkurrenzbedingungen mit dem schnellen wissenschaftlich-technischen Fortschritt, den Energie-, Rohstoff- sowie Umweltproblemen in den Vordergrund rücken. In allen entwickelten kapitalistischen Staaten beschleunigt sich daher der Staatsinterventionismus. Generell gilt in dieser Periode der Übergang zum staatsmonopolistischen System als vollzogen.

Ende der 80er Jahre wurde die marxistische Erforschung des Phänomens der allgemeinen Krise abgebrochen. Die Weltsituation hatte sich mit dem Zerfall des sozialistischen Systems in Europa gravierend verändert. Damit entfiel zugleich die prononciert euphorische Orientierung dieser Theorie auf den

19 Hobsbawm, 1994, S. 285 ff.

Sozialismus als erstrangige Triebkraft der allgemeinen Krise, oft verbunden mit der Prophezeiung eines nahenden Zusammenbruchs des Kapitalismus. Diese Situation erfordert eine politisch-theoretische Umorientierung, zumal auch andere Prozesse für die krisenhafte Entwicklung des Kapitalismus an Gewicht gewinnen und neue Konfliktfelder im System entstehen. So verstärkt sich heute die Konkurrenz zwischen den kapitalistischen Monopolen und Industrieländern auf das Äußerste, wachsen mit dem Wegfall des Einflusses des realen Sozialismus auf die Kampfbedingungen für die arbeitende Klasse die inneren Widersprüche in der kapitalistischen Welt, sind die national befreiten Entwicklungsländer mit dem Kampf der Großmächte um die Neuaufteilung der Welt mit verschiedenartigsten Konflikten und Kriegen konfrontiert.

Heute wird angesichts des erschreckend krisenhaften Zustands der Welt und des sichtbaren kulturellen und moralischen Verfalls der Gesellschaft von »neuer großer Krise«, »Systemkrise« oder »systemischer Krise«, »existenzieller Krise«, »organischer Krise«, von »Großer Krise des globalen Finanzmarktkapitalismus seit 2008«[20] und sogar vom »Beginn der finalen Krise des kapitalistischen Systems«[21] gesprochen. Ein theoretisches Konzept zur Klärung dieser »Krisen«- Realität gibt es bisher nicht. Es geht dabei nicht schlechthin um einen Rückgriff auf frühere Theorien, sondern um wissenschaftliche Analyse der Realität als Grundlage einer antikapitalistischen Strategie.

2.
Monopol und Staatsmonopol

Von großer Bedeutung für das Verständnis der Weiterentwicklung des Kapitalismus und seines staatsmonopolistischen Charakters bleibt die marxistische Erkenntnis vom Wesen

20 Deppe, 2012, S. 8
21 Sohn, 2013

des Monopols als einem Macht- und Herrschaftsverhältnis. Es geht hier um den Begriff eines »modernen« oder kapitalistischen Monopols, das sich im Gegensatz zu den Monopolen in allen anderen Epochen »zum *beherrschenden Phänomen der kapitalistischen Gesellschaftsordnung* auf einer hohen Stufe ihrer Entwicklung« herausgebildet hat,[22] und damit zugleich um die Sicht auf Veränderungen im Kapitalverhältnis, das in der Gegenwart eben *finanzkapitalistisch* geprägt ist.

Drei wesentliche Aspekte sind dabei zu nennen:

1. Das ökonomische *Monopol* ist eine *historische Kategorie im Ergebnis der Kapitalakkumulation, der Konzentration und Zentralisation von Produktion und Kapital. Es ist ein weiterentwickeltes Kapitalverhältnis* und nicht nur eine »Marktform«, auch wenn es sich als eine Organisation des Kapitals in verschiedenartigen, »oligopolistischen« Formen zeigt. Derartig organisierte Großunternehmen sind uns bekannt als Konzerne, Kartelle, Banken, Versicherungen, Investmentfonds, Hedgefonds. In ihrem Agieren auf den Märkten geht es um die Herausbildung neuer Größenordnungen für den Konkurrenzkampf, vor allem aber darum, wie sich die Aneignung von Profit mit Hilfe ökonomischer und außerökonomischer Gewalt unter diesen verschiedenen Organisationsformen maximieren lässt.

Das Erfassen des ökonomischen Monopols in seinen sich entwickelnden Formen ist stets Voraussetzung, *um die sozialökonomische Grundstruktur* des Kapitalismus genauer zu bestimmen. Es lässt sich so analysieren, in welcher Weise die Macht des Großkapitals auf die Gesamtsituation der Gesellschaft, auf Produktivkraftentwicklung, auf die soziale Lage der arbeitenden Menschen, auf den großen Sektor der Klein- und mittleren Unternehmen, auf politische Konstellationen und Klassenverhältnisse sowie auf die internationalen Beziehungen einwirkt. Im Rahmen sich wandelnder Organisationsformen des mono-

22 Heininger/Hess, 1970, S. 22

polistischen Kapitals entwickelt sich die erdrückende Macht des Finanzkapitals, der Ausbau seiner Herrschaftsmechanismen und die Ausprägung seiner Diktatur zur Durchsetzung imperialer Zielstellungen der Staaten.

2. *Das ökonomische Monopol verkörpert die Eigentumsentwicklung im Kapitalismus* und das in enger Symbiose mit den *für die weitere Akkumulation des Kapitals notwendigen Enteignungsprozessen.* Marx sprach im dritten Band des Kapitals von der Expropriation »als Aneignung des gesellschaftlichen Eigentums durch wenige«.[23] Nur die Verfügungsmacht über anwachsende, gewaltige gesellschaftliche Kapitalien gestattet den Monopolen eine weitere Entwicklung der Produktivkräfte, die Beherrschung von materiellen und Wissens-Ressourcen, die Verfügung über die Organisation der Produktion und die Aneignung ihrer Resultate und damit die Realisierung der Profite. Dieser marxistische Monopolbegriff beinhaltet damit zugleich den für die weitere Akkumulation notwendigen Enteignungsprozess aller anderen Eigentümer, eine mehr und mehr zentralisierte Verfügung über das kapitalistische Eigentum.[24] *Ohne neue Formen derartiger kapitalistischer Enteignungsprozesse kann sich der Kapitalismus nicht behaupten und weiterentwickeln.*

Akkumulation und Enteignung sind daher stets zwei Seiten ein und desselben Prozesses in der Entwicklung des überreifen Kapitalismus. Das ökonomische Monopol konstituiert sich seit seiner Herausbildung ständig aus dieser Symbiose. So hat die monopolistische Eigentumszentralisation in Aktiengesellschaften immer neue Maßstäbe erreicht und die Macht über das *vergesellschaftete Kapital* bei wenigen Großeigentümern ist durch verschiedene Formen der Kapitalverfügung über Hunderttausende von kleinen Aktienbesitzern gesichert. Zugleich werden auch alle anderen Eigentümer *außerhalb* der monopolistischen Eigen-

23 MEW 25, S. 456
24 Hess, 1990, S. 73 f.

tumssphäre in ihren Einkommens- oder Gewinnansprüchen beschnitten. Das betrifft das Einkommen der arbeitenden Klasse, der nicht mehr arbeitenden Schichten, wie der kleinen und mittleren Unternehmen. Gerade im letzten Jahrzehnt hat dieser Prozess solche Wucht erreicht, dass der marxistische Wissenschaftler David Harvey den »neuen« Imperialismus als *Akkumulation durch Enteignung* charakterisiert.[25]

3. *Das Monopol ist Initiator polarisierender Konkurrenz.* Es konstituiert wesentlich die Konkurrenzverhältnisse. Einerseits durchbricht es aufgrund seiner Macht zwar den Konkurrenzmechanismus der Kapitale, andererseits negiert es aber keinesfalls die Konkurrenz als die »innere Natur des Kapitals« (Marx), denn das Kapital kann nur als eine Vielzahl von Kapitalen in Wechselwirkung aufeinander existieren. Mit der monopolistischen Weiterentwicklung des Kapitalverhältnisses entsteht eine Synthese von Monopol und Konkurrenz, die zu einer außerordentlichen Verschärfung der Konkurrenz führt. Jörg Huffschmid schrieb: »Monopole sind nicht in der Konkurrenz begründet, aber als Erscheinungsform des konzentrierten und zentralisierten Kapitals sind sie wie alle anderen Kapitale Resultat der Konkurrenz, Element und Instrument der Konkurrenz.«[26]

Diese Konkurrenz vollzieht sich zwischen den Großkonzernen im nationalen und internationalen Maßstab um die Beherrschung von Wissenschaft und Technik, um Rohstoff- und Finanzressourcen. Sie vollzieht sich zwischen den verschiedenen Größenklassen kapitalistischer Unternehmen um Existenz und Expansion zur Sicherung des Profits. Sie stimuliert im internationalem Rahmen vor allem den Kampf um neue Anlagesphären und Ressourcen im Komplott mit den sie vertretenden Großmächten und sie vollzieht sich auch im Hinblick auf Intensität,

25 Harvey, 2003, S. 1-32
26 Huffschmid, 1975, S. 37

auf Art und Weise von Staatsinterventionen zugunsten profitablerer Kapitalverwertungs- und Standortbedingungen sowie um die Gestaltung nationaler und internationaler Einflusssphären zugunsten des Monopolkapitals. Von der monopolistischen Konkurrenz ist daher die Gestaltung des Verhältnisses von Ökonomie und Politik zur Realisierung der Konzernstrategien bestimmt.

Insgesamt schließt das Monopol immer einen Mechanismus des Setzens und Überwindens der dem »privaten« Kapital immanenten Schranken der Akkumulation ein. Auf diese Weise ist es eine Form der Anpassung des Kapitals an sich verändernde Existenzbedingungen. Es durchbricht mit ökonomischer und außerökonomischer Gewalt die Barrieren für profitable Kapitalanlagen und setzt eine Umverteilung des Mehrwerts und des Mehrprodukts der Gesellschaft zu Gunsten der die Wirtschaft dominierenden Konzerne durch. Das kapitalistische System ist deshalb über alle Stadien seiner Entwicklung hinweg bis heute Monopolkapitalismus. Gleichzeitig aber weist dieser *Anpassungsprozess* über die Monopolisierung einen sich wandelnden Charakter auf: Er wird *staatsmonopolistisch* geprägt, denn mit dem effektiven Zusammenwirken der beiden Hauptelemente der kapitalistischen Machtstruktur – Monopole und Staat – werden vielfache Möglichkeiten der Weiterentwicklung des Monopols und damit zugleich für den Kapitalismus insgesamt geschaffen.

Nach marxistischer Auffassung ist das Wesen des Staates als politische Klassenherrschaft durch seine Abhängigkeit von der ökonomischen Basis der jeweiligen Gesellschaftsformation begründet, sind Typus und Form des Staates durch die Produktions- und Eigentumsverhältnisse bestimmt. Das *Staatsmonopol* stellt eine neue Qualität in der Entwicklung des Kapitalismus dar, da mit der Entwicklung der Produktivkräfte der Maßstab der »*privaten*« Monopolisierung allein nicht mehr ausreicht, die Akkumulation zu sichern. Der rasche wissenschaftlich-technische Fortschritt, Veränderungen in den politischen Kräfteverhältnissen, die zunehmenden Wirkungen längerfristiger Krisenprozesse erfordern immer größere Anstrengungen zum Erhalt der Systemgrundlagen. Staatliche Eingriffe zur Regulierung der Ökonomie werden daher zu einer unverzichtbaren Voraussetzung monopolistischer Kapitalverwertung.

Als Instrument der herrschenden Klasse hat der Staat insgesamt die Reproduktionsbedingungen des Kapitals zu sichern. Dazu zählen neben den Disziplinierungs- und Repressionsinstrumenten zur Sicherung der herrschenden Machtstruktur auch Bedingungen für die Reproduktion der Arbeitskraft – wie Bildung und Gesundheit, gesetzliche Regelungen für die Gestaltung von Arbeitsverhältnissen oder gesundheitliche Schutzvorschriften. Damit wird die klassische Trennung von Ökonomie und Politik durchbrochen und der Staat verändert seinen Charakter. Mit Hilfe des Staates können über zahlreiche Steuerungsfunktionen die Schranken des Privatkapitals bei der Bewältigung neuer gesellschaftlicher Herausforderungen durchbrochen, die Kapitalkonzentration und -akkumulation vorangetrieben werden. Der Staat übernimmt so die Rolle eines »Wachstumsfaktors«. Das beinhaltet auch, dass er als »ideeller Gesamtkapitalist« die strategischen Interessen der für sein Territorium relevanten Monopole nach innen und außen zu wahren hat, deren Machtzuwachs er aktiv mit Rechtssetzung oder Rechtsverhinderung durch den staatlichen Apparat und durch neue Staatspraktiken ermöglicht und fördert. Und je mehr sich die monopolistische Herrschaft unter neuen Anforderungen ausdehnt, desto stärker wird der Staat in das gesamte Wirtschaftsgeschehen miteinbezogen. Dies ist eine charakteristische Tendenz in der gesamten Entwicklung des Kapitalismus, in jeder seiner Stufen.

Einige *Charakteristika* des staatsmonopolistischen Kapitalismus sind:

- Staatsinterventionen sind zu einer *permanenten* Erscheinung geworden. Diskussionen um »mehr« oder »weniger« Staat im politischen Diskurs treffen nicht die Realität. Entgegen aller Propaganda ist selbst das Verhältnis der Staatsausgaben zum Bruttoinlandsprodukt, die Staatsquote, in den letzten Jahrzehnten in kaum einem Land zurückgegangen. Mit wachsender Monopolisierung der Wirtschaft, insbesondere mit dem Machtzuwachs des Finanzkapitals, haben Umfang und Intensität staatlicher Interventionen in die Ökonomie beständig zugenommen. Auf allen Ebenen – ob lokal, regional, national oder international – entstehen neue Strukturen, Institutionen und Mechanismen der Verflechtung staatlicher, zivilgesellschaftlicher und monopolistischer Organisationsformen zur Realisierung von Profitstrategien. Wenn der Staat sich »zurückzieht«, ändert er lediglich die Richtung seiner Regulierung. Maßnahmen der »Entstaatlichung« oder Privatisierung kommen überwiegend einer lukrativeren monopolistischen Kapitalverwertung zugute.
- Die Formen von Staatsinterventionen sind sehr vielfältig und weisen beträchtliche Unterschiede auf. Das ganze Instrumentarium staatlicher Wirtschaftspolitik von Subventionen, Staatsaufträgen, Steuermaßnahmen, Finanzierung von Forschung und Entwicklung, Exportförderung bis hin zu direkten staatlichen Eingriffen in Unternehmensstrukturen und der immer engeren personellen Verfilzung von Staatsapparat und Konzernen wird variabel gehandhabt. Selbst das Staatseigentum ist für das Herrschaftssystem eine sehr flexibel einsetzbare Größe des Machterhalts, denn Verstaatlichung ist in diesem Zusammenhang keine sozialistische Maßnahme. Sie kann je nach den Erfordernissen zur Profitsicherung bestimmter Monopolgruppen oder generell zur Existenzsicherung des Systems eingesetzt werden. Privatisierungen

von öffentlichem Eigentum einerseits und staatliche Beteiligungen an maroden großen Banken andererseits kennzeichnen die organisatorischen Fähigkeiten des Staates zur Regulierung der Wirtschaft im Interesse des dominierenden Großkapitals.

- Es gibt *Besonderheiten des Staatsmonopols*. Sie ergeben sich daraus, dass die staatsmonopolistische Entwicklung nicht nur die Wirtschaftstätigkeit tangiert, sondern unter dem Einfluss verschiedenster Faktoren oder historischer Bedingungen auf die gesamte Gesellschaft einwirkt. So wird die Regulierung *sozialer Prozesse* für den Machterhalt des Kapitalismus immer wichtiger. Sie erfolgt im wechselvollen Spannungsverhältnis zwischen Umverteilung zugunsten des Monopolkapitals und sozialen Aktivitäten im Interesse des Systemerhalts entsprechend den politischen Kräfteverhältnissen. Zudem wirken auf die Entwicklung des Staatsmonopols immer stärker auch *äußere* Faktoren ein – wie die revolutionären Bewegungen in verschiedenen Ländern, die internationalen Kräfteverschiebungen und verschärften Konkurrenzbeziehungen in der Welt und die vielen globalen Weltprobleme wie Klimawandel, Armut, Umweltschutz. Und zunehmend weist das Staatsmonopol auch einen umfassenderen *ideologischen* Aspekt auf. So erscheint die regulierende Funktion des Staates im Monopolinteresse in der Öffentlichkeit *nicht* als staatskapitalistische Form der Profitregulierung, sondern – besonders vermittelt über die Medien – als eine im Interesse der gesamten Gesellschaft fungierende Aktion, derzeit unter dem Schlagwort »internationale Wettbewerbsfähigkeit«.
- Ein wichtiger Kernpunkt des Staatsmonopols ist der *widersprüchliche Charakter des Verhältnisses von Monopolen und Staat, seine Ambivalenz*. Der Staat ist nach wie vor relativ selbstständig in seinem Handeln, auch gegenüber ökonomischen Prozessen und politischen Einflüssen. Die

institutionelle Trennung von Staat und Gesellschaft ermöglicht es ihm, »seinen Beitrag zu leisten zu der immer wieder problematischen Regulierung der erweiterten Reproduktion«.[27] Der Staat ist daher keineswegs *nur* Machtorgan des Monopolkapitals. Als zentraler Bestandteil des politischen Systems unterliegt er gesellschaftlichen Kräfteverhältnissen, hat anderen Klassen und Schichten in den inneren Klassenauseinandersetzungen auch Rechnung zu tragen, sie in das Gesamtsystem einzubinden und so dem Monopolkapital eine politische Massenbasis zu erhalten. Seinen widersprüchlichen Funktionen kann der Staat nur gerecht werden, wenn er über eine relative Selbstständigkeit verfügt. Er unterliegt nicht dem Zwang der Kapitalverwertung, kann gesellschaftliches Kapital zugunsten der Monopole mobilisieren, staatliche Gesetze in ihrem Sinne lancieren oder demokratische Entscheidungen torpedieren, kann vor allem international den Boden für die Profitrealisierung seiner »nationalstaatlich verankerten« Monopole ebnen. Auf der anderen Seite agiert das Großkapital ebenfalls relativ eigenständig. Dank ihrer staatlich geförderten Machtpositionen haben die Monopole über ihre Verbände bedeutende Möglichkeiten der politischen Einflussnahme auf die staatliche Politik, auf die Verteilung der wirtschaftlichen Ressourcen oder auf außenpolitische Bestrebungen. Einesteils wirkt die Lobby des Großkapitals in Konkurrenz miteinander auf staatliche Entscheidungen ein, andererseits entwickeln sich auf diese Art auch Konflikte zwischen Monopolen und Staat. »Multis« können als relativ eigenständige internationale Wirtschaftskomplexe mit ihren eigenen Preis- und Profitmechanismen nationalstaatliche Maßnahmen und Gesetze unterlaufen, sie unwirksam machen. Die durchaus nicht widerspruchs-

27 Jessop, 1995, S. 32

freien Beziehungen zwischen Monopolen und Staat müssen sich besonders in Krisen bewähren. Sie unterliegen daher auch Anpassungszwängen, lassen sich entsprechend sich wandelnder Interessenlagen der jeweilig herrschenden Bourgeoisie verändern. Andererseits gestalten sich die Eingriffe des Staates stets in Abhängigkeit politischer Kräftekonstellationen, wodurch sich objektiv auch Möglichkeiten für Veränderungen der Gesellschaftsentwicklung ergeben. Davon ist nicht nur der Grad der »Unterordnung des Staates unter die Interessen des Kapitals« bestimmt. Die Funktion des Staates in der Wahrnehmung gesamtgesellschaftlicher Aufgaben eröffnet auch Chancen für demokratische Kräfte, durch politischen Druck Einfluss auf die Richtung der staatsmonopolistischen Regulierung zu nehmen.

- *Es gibt sehr unterschiedliche staatsmonopolistische Varianten.* Sie zielen angesichts der ungleichmäßigen Entwicklung des kapitalistischen Systems direkt auf die Gestaltung der Ökonomie zur Sicherung der Existenz des Systems sowie zum Erhalt und Ausbau der Konkurrenzposition. Davon sind auch alle anderen gesellschaftlichen Bereiche berührt wie Politik, Ideologie und Kultur.

Die Variantenbildung erfolgte auf verschiedenen Ebenen:

a) *National* haben sich verschiedene »Modelle« in den entwickelten Staaten entsprechend der historischen und kulturellen Traditionen ihres Landes, ihrer politischen Klassenverhältnisse, ihrer Position in der Weltwirtschaft und auf den Finanzmärkten herausgebildet.

Relativ bekannt ist das System der »Planification« in *Frankreich.* Es beruhte auf einer nach 1945 entwickelten Form gesamtwirtschaftlicher, längerfristiger Wirtschaftsplanung. Auf Grundlage von Fünf-Jahresplänen wurde eine aktive staatliche Strukturpolitik unter Berücksichtigung regionalpolitischer Aspekte betrieben, die für das französische Großkapital eine wesentliche Verbesserung seiner Kapitalverwertung bedeutete.

Hingegen hatte für die *USA* als dominantes imperialistisches Machtzentrum der Faktor der militärischen Stärke und damit die enge Verknüpfung der Sicherheitspolitik mit politischen und ökonomischen Fragen eine besondere Bedeutung bei der Ausformung ihres staatsmonopolistischen Systems kontinentalen Ausmaßes – aufbauend auf einen äußerst hohen Grad monopolistischer Machtkonzentration beim Industrie- und Finanzkapital, einer effektiven Organisation im Bereich Wissenschaft und Forschung auf einem staatlich geförderten hohen technologischen Niveau.[28] Der militärisch-industrielle Komplex (MIK) als staatsmonopolistische Organisationsform wirkt bis heute als Stimulus der USA-Weltmachtstrategie.

Im *Japan* der Nachkriegszeit spielte das 1949 gegründete MITI[29] für die Wirtschaftsentwicklung eine besondere Rolle, ausgerichtet auf ein hohes Tempo der Kapitalakkumulation sowie mit einem auf Technologie, Innovation und Export gerichteten Fördersystem.

In den skandinavischen Ländern war nach der Weltwirtschaftskrise 1929 das »Schwedische Modell« eines Wohlfahrtsstaats als *spezifische Form nationaler staatsmonopolistischer Wirtschafts- und Sozialpolitik* auf *Grundlage eines sozialen Kompromisses zwischen Arbeit, Kapital und Staat* entstanden. Es orientierte auf Forschungsförderung, umfangreiche Sozialleistungen, eine intensive Bildungspolitik und war verbunden mit hoher Steuerbelastung auf Arbeitseinkommen und Steuervergünstigungen für Unternehmen.

In der BRD erhielt das staatsmonopolistische System durch eine gezielte Gesetzgebung seine besondere Prägung, so 1952 mit dem Investitionshilfegesetz zur massiven Investitionsförderung, 1967 mit dem Stabilitätsgesetz als antizyklischem Instrument mit umfangreichen Subventionen und seit der Krise

28 Autorenkollektiv, 1976, S. 47 ff.
29 Ministry of International Trade and Industry

2007/08 mit einem Paket von gesetzlichen Maßnahmen zur Rettung der Dominanz des Finanzsektors.[30]

b) Vor allem *international* entwickelt sich der staatsmonopolistische Kapitalismus mit dem schnellen Tempo der Internationalisierung des Wirtschaftslebens, der Expansion transnationaler Konzerne und Finanzinstitute, der verschärften Konkurrenz bei zugleich widerspruchsvollen Tendenzen in den ökonomischen und politischen Beziehungen der Staaten untereinander in verschiedenen Formen. Deren Basis sind die gemeinsamen Interessen des internationalen Monopolkapitals und führender Staaten am Funktionieren des kapitalistischen Gesamtsystems. Sie realisieren sich:

- über die Tätigkeit solcher Institutionen wie dem Internationalen Währungsfonds (IWF), der Internationalen Bank für Wiederaufbau und Entwicklung (Weltbank), der Welthandelsorganisation (WTO) mit Mechanismen zum Erhalt und Ausbau von Positionen der Monopole und führenden Staaten über Kreditvergabe oder Investitionsschutzabkommen,
- über das staatsmonopolistische Regelwerk der Europäischen Union (EU), über das ein wirtschaftlich starkes Kerneuropa seine Macht gegenüber einer schwachen europäischen Peripherie ausspielt,[31]
- über die wachsende Anzahl staatsmonopolistisch-strategischer Foren wie das Weltwirtschaftsforum in Davos (WEF), die international agierenden Lobby-Verbände verschiedener Couleurs wie der ERT (European Round Table), der »Latein Amerika Verein« oder die von den Herrschaftseliten zur Expertenregierung erkorene Goldman Sachs Group.

---

30 1952 Gesetz für Investitionshilfe der gewerblichen Wirtschaft«; 1967 Gesetz zur Förderung der Stabilität und des Wachstums der Wirtschaft; 2010 EFSM Europäische Finanzstabilisierungsfazilität, ESM Europäischer Stabilitätsmechanismus u. a.

31 Vgl. Wehr, 2012

Derartige Gebilde und Institutionen funktionieren keineswegs unabhängig von den nationalen ökonomischen und politischen Organisationsformen und Strukturen, sondern sind meist eng mit ihnen »verknotet«.

c) In allen entwickelten Staaten spielen *wirtschafts- und sozialpolitische Staatsinterventionen* eine erstrangige Rolle. Hinsichtlich ihrer Richtung treten sie ebenfalls in verschiedenen Varianten auf. Nach Jörg Huffschmid[32] gibt es *zwei Hauptformen* – die *marktradikal-autoritäre*, *anti-etatistische* und die *interventionistische Variante*. Sie kommen in den wirtschaftspolitischen Regulierungsmechanismen des *Neoliberalismus* und *Keynesianismus* zum Ausdruck. Beide Varianten beruhen im Prinzip auf der gleichen sozialökonomischen Grundlage. Bei *beiden geht es um die Stabilisierung der kapitalistischen Wirtschaft angesichts ökonomischer Krisen* oder unzureichender Akkumulationsbedingungen für das Kapital. Aber sie unterscheiden sich in der Schwerpunktsetzung der wirtschafts- und sozialpolitischen Eingriffe des Staates. Die *neoliberale Richtung*, seit den 1940er und 50er und besonders verstärkt seit Ende der 70er bzw. Anfang der 80er Jahre in den meisten entwickelten kapitalistischen Staaten vorherrschend, kann als eine radikal-konfrontative Variante der Kapitalverwertung bezeichnet werden. In ihrem Konzept für eine langfristige Wirtschaftspolitik orientiert sie auf eine »*marktwirtschaftliche Wirtschaftsordnung*« mit »*freiem Wettbewerb*« und einem »*starken Staat*«, der die »*Rahmenbedingungen*« für die Kapitalverwertung setzt. Dazu zählt ein ganzes Arsenal die Kapitalexpansion begünstigender Maßnahmen wie die Privatisierung öffentlichen Eigentums und der Alterssicherungssysteme, die Deregulierung, die Rücknahme staatlicher Investitionen und Steuerungen sowie der Abbau sozialer Sicherungssysteme. Seit der Weltwirtschaftskrise in den 1970er Jahren ist sie in der Bundesrepublik Deutschland do-

32 Huffschmid, 1995, S. 12

minierend. Die *keynesianische Variante* setzt hingegen auf eine antizyklische, nachfrageorientierte Wirtschaftspolitik, um die Wirtschaft anzukurbeln. Sie bildete sich in der Zeit nach der großen Krise 1929 bis 1932 in den USA als »New Deal«, nach 1945 in Deutschland, Italien und anderen Industrieländern heraus und war bis in die 70er Jahre hinein das vorherrschende Konzept. Sie beinhaltet staatlich finanzierte Investitionen – auch durch Staatsverschuldung – sowie eine Reihe beschäftigungs- und sozialpolitischer Maßnahmen zur Sicherung eines sozialen Friedens im Innern.

d) Im engen Kontext mit beiden wirtschaftspolitischen Konzepten steht der Typ der *privatmonopolistischen Regulierung* mit einem relativ eigenständigen Gewicht des Großkapitals aufgrund der monopolistischen Eigentums- und Machtstrukturen über hochkonzentrierte Wirtschaftskomplexe.[33] Er hat national und international durch das Gewicht der Konzernstrategien des Großkapitals für die Richtungen des wissenschaftlich-technischen Fortschritts, für die Gestaltung der Wirtschafts- und Unternehmensstrukturen, für die Verteilung der gesellschaftlichen Arbeit und für den Charakter und die Gestaltung der Globalisierung auch heute eine entscheidende Bedeutung. Im starken Maße beeinflusst er die gesetzgeberischen Staatsaktivitäten und wirkt mit dem Diktat des Finanzkapitals auf die gesamte Regulierung ein. Zu dieser Variante zählen die privatmonopolistischen Komplexe wie die internationalen Finanzgruppen oder Finanzdienstleistungsgruppen mit ihren politisch-strategischen Netzwerken.

e) In die Variantenproblematik wurden auch *demokratische Entwicklungsvarianten* als Alternative zur herrschenden Politik und Wirtschaft eingeordnet, die darauf zielen, in einer Periode ungünstiger politischer und sozialer Kräfteverhältnisse für das Kapital mit Alternativlösungen sozialen Fortschritt in Gang zu

33 Binus, 1981, S. 11.ff.

setzen. Dazu kann man das *Skandinavische* oder *Schwedische Modell* anführen, das auf Grundlage einer politischen Kräftekonstellation mit aktiven Gewerkschaften, einer starken Sozialdemokratie und einer auf mehr soziale Gerechtigkeit und Beschäftigungssicherung gerichteten Orientierung eine Zeit lang erfolgreich war. Wie sich aber zeigte, hatte es keinen Bestand, da die herrschenden Machtverhältnisse nicht grundsätzlich verändert worden waren.

Unter dem Begriff »Reformalternative« wurde 1988 von Jörg Huffschmid und Heinz Jung eine Strategieorientierung als Alternative zur herrschenden Politik und Wirtschaft innerhalb des Kapitalismus vorgestellt. Sie war zugleich auch als Teil eines Projekts gedacht, das zur Überwindung kapitalistischer Grundstrukturen führen sollte. Ausgehend von einer veränderten Weltlage, d. h. der dauerhaften Existenz zweier sich gegenüberstehender gesellschaftlicher Systeme, wurde in den kapitalistischen Ländern eine *Fortschrittsperspektive* für eine *Veränderung des politischen Kräfteverhältnisses* gesehen, *»die eine andere, friedensfähige, umweltschonende, sozial verträglichere Entwicklung und eine breitere Entfaltung demokratischer Prozesse im SMK ermöglicht«.*[34] Dieses Konzept verschwand mit der Niederlage des osteuropäischen Sozialismus. Rückblickend gab es kritische Diskussionen zu den darin gezogenen Schlussfolgerungen. Dabei divergierten die Meinungen der Autoren. Huffschmid hielt eine Präzisierung linker Reformpolitik für nötig, wobei er die gründliche Analyse der Haupttendenzen des neuen universellen Kapitalismus und die Erarbeitung alternativer Entwicklungsmöglichkeiten sowie eine illusionslose Analyse der Machtverhältnisse und der bestehenden Klassen- und Interessenkonstellationen einforderte.[35] Nach Ansicht von Jung sollte sich eine Systemopposition, die mehr als die Reform im Kapitalismus

34 Huffschmid, 1988, S. 7
35 Huffschmid, 1995, S. 22 f.

will, unter den neuen Bedingungen des Wegfalls der Systemkonkurrenz und der in der Reformalternative implizierten Transformationsschienen zum Sozialismus, als Fundamentalopposition profilieren – und dies nur in Kritik des Bestehenden und mit theoretisch begründeten Visionen einer neuen nichtkapitalistischen Gesellschaft: »Die Tragfähigkeit einer Strategieorientierung der Reformalternative für eine linke Oppositionsbewegung ist eine offene Frage geworden. Sie lässt sich heute nicht theoretisch entscheiden. Entscheidend wird die Dynamik der realen Bewegung.«[36]

36 Jung, 1990, S. 368 f.

II.
Geschichte der SMK-Theorie

1.
Ausarbeitungen zur SMK-Theorie

Die Erarbeitung eines umfassenden Theoriegerüsts der SMK-Theorie setzte Ende der 1950er Jahre ein. Den Anstoß gaben Analysen der kaum erwarteten raschen Entwicklung des Kapitalismus nach dem Zweiten Weltkrieg, die den früheren Vorhersagen seines raschen Niedergangs nicht entsprachen. Marxistische Forscher sahen darin eine *Zäsur*. Sie begründeten diesen Einschnitt mit dem allgemeinen Übergang zum staatsmonopolistischen Kapitalismus, denn es zeigten sich ganz neue, auch stabile Interaktionsaktivitäten des Staates in die Wirtschaft, die beschleunigend auf die kapitalistische Entwicklung wirkten. Damit stellte sich die Frage nach der Anpassungsfähigkeit des kapitalistischen Systems und seiner Mechanismen.

In verschiedenen Ländern Europas begannen Wissenschaftler unterschiedlicher Institutionen daher mit der Erforschung des staatsmonopolistischen Kapitalismus. Über ihn ist viel geschrieben worden – in Monographien, Broschüren, Artikeln – im Bemühen, ihn in seiner Ganzheit, Entwicklung und seinen einzelnen Schwerpunkten zu erfassen.

DDR | In der DDR gab es seit den 1960er Jahren ein breites Fundament an wissenschaftlicher Forschung und Theoriebildung auf diesem Gebiet. Sowohl am Zentralinstitut für

Wirtschaftswissenschaften an der Deutschen Akademie der Wissenschaften (DAW), an der Akademie für Gesellschaftswissenschaften beim ZK der SED als auch am Institut für Internationale Politik und Wirtschaft (IPW), der Humboldt-Universität Berlin und anderen Hochschulen untersuchte man detailliert den staatsmonopolistischen Entwicklungsprozess. Einige Ergebnisse sollen hier kurz dargestellt werden.

Bereits 1960 ging Fred Oelßner[37], ausgehend von der geschichtlichen Rolle des Monopols und in Auseinandersetzung mit der bürgerlichen Monopoltheorie, auf die Beziehung von Monopol und Staat ein. Er behandelte die historische Entwicklung der staatlichen Gesetzgebung gegenüber Monopolen und charakterisierte den staatsmonopolistischen Kapitalismus mit seinen Funktionsmechanismen. Zu deren wichtigsten Methoden zählte Oelßner die Schaffung eines staatsmonopolistischen Marktes mit gesicherten Profitgarantien. Seit Anfang der 1960er Jahre wurden auch am Institut für Gesellschaftswissenschaften des ZK der SED unter Leitung von Otto Reinhold Fragen der staatsmonopolistischen Entwicklung breit diskutiert. Ihre Ergebnisse fanden in der Monographie »Imperialismus heute«[38] ihren Niederschlag.

Hervorzuheben sind die Studien zur staatsmonopolistischen Entwicklung des deutschen Imperialismus der Akademie der Wissenschaften unter der Ägide von Jürgen Kuczynski.[39] Aus ihnen ging ein dreibändiges Werk von Helga Nussbaum, Dieter Baudis, Lotte Zumpe und Manfred Nussbaum zur Wirtschaftsgeschichte des staatsmonopolistischen Kapitalismus in Deutschland vom Ende des 19. Jahrhunderts bis 1945 hervor.[40] Mit historisch-chronologischer Methodik verglichen die Wissenschaftler in empirischen und theoretischen Analysen über

37 Oelßner, 1960, S. 12-104
38 Hemberger u. a., 1965
39 Kuczynski, 1963
40 Autorenkollektiv, 1978, 1979, 1980

einen langen Zeitraum die Verflechtungen von Monopolen und Staat. Der staatsmonopolistische Kapitalismus wird von ihnen als ein Grundzug der monopolkapitalistischen Entwicklung bezeichnet, der sich »in der Verschmelzung der ökonomischen und staatlich-politischen Machtpositionen funktionell, institutionell und in der Eigentumsstruktur äußert«. Dieser »Durchdringungsprozess« sei nicht abgeschlossen. Mit dem Wachstum der Monopole entwickele sich die »Kooperation« zwischen Staat und Monopolen. Zugleich ließen sich bei der Entwicklung der Beziehungen zwischen Staat und Monopolen sprunghafte oder etappenweise Verstärkungen feststellen, wie nach der Weltwirtschaftskrise oder nach dem Zweiten Weltkrieg. Diese trügen einen besonderen Charakter. So sei vom Ausgang der großen Weltwirtschaftskrise bis zum Ende des Zweiten Weltkriegs eine »höchst intensive Verflechtung von Staat und Monopolen« als *faschistische* Ausprägung des staatsmonopolistischen Kapitalismus festzustellen. Sie bestehe in der engen Verbindung von Monopolkapital, Nazipartei und faschistischem Staat – verbunden mit terroristischer Unterdrückung aller antifaschistischen Kräfte, Zerschlagung der Organisationen der Arbeiterklasse, der allgemeinen Einführung des »Führerprinzips«, der Ausplünderung der okkupierten Länder im Krieg sowie der Zwangsarbeit von Millionen ausländischer Bürger in der Rüstungsindustrie.[41]

Eine der wichtigsten Schriften zum SMK war das Buch »Zur Theorie des staatsmonopolistischen Kapitalismus«.[42] Auf Basis empirisch fundierter Analysen ausgewählter Wirtschaftsbereiche untersuchten Rudi Gündel, Horst Heininger, Peter Hess, Kurt Zieschang den staatsmonopolistischen Kapitalismus schwerpunktmäßig von seiner ökonomischen Seite her. Sie kamen zur Erkenntnis, dass das Neue im Kapitalismus in der

---

41 Autorenkollektiv, 1978, 1979, 1980, Bd. I, S. 22
42 Gündel u. a., 1967

Errichtung staatlicher Monopolbedingungen, im Einsatz des staatlichen Machtapparats für die Monopolisierung der kapitalistischen ökonomischen Beziehungen besteht, und dass diese staatliche Monopolisierung das Gesamtfunktionieren des heutigen kapitalistischen Systems betrifft.

Konkret nachgewiesen wurde das an der Rolle des Staates und seines Staatshaushalts. Es zeigte sich, dass die Staatsfinanzen nicht nur zur Deckung eines »reinen Staatsbedarfs«, sondern auch als Funktion der »privaten« Kapitalmobilisierung und -anwendung und so der gesamten erweiterten Reproduktion des Kapitals dienen. Dem Bereich der Rüstung hingegen kommt vor allem beim Entstehen und bei der Entwicklung des staatsmonopolistischen Kapitalismus und seines Regulierungsmechanismus eine erstrangige Rolle zu. Er ist zu einem untrennbaren Bestandteil dieses Systems in allen hochentwickelten Ländern geworden. Die Wurzeln dafür liegen ökonomisch im schnellen Fortschreiten der Produktivkräfte, der Forschung und Entwicklung sowie daraus resultierender steigender Anforderungen an arbeitsteilige Prozesse in der gesamten Volkswirtschaft. Dies macht die Militarisierung der Wirtschaft zu einer wichtigen Kapitalanlagesphäre der Monopole vieler Industriezweige. Das schließt eine engere Verflechtung mit Großbanken und Regierung ein, da Rolle und Ausmaß der Rüstung direkt durch die Politik des Staates und seine militärischen Zielsetzungen bestimmt ist. »Rüstung und Krieg werden darum wie kein anderes Gebiet durch das Wechselverhältnis von *Ökonomie* und *Politik* bestimmt.«[43]

Mit neuen Erscheinungen des Kapitalismus in der Folgezeit veränderten sich in der Forschung auch die konkreten Untersuchungsgegenstände. Es rückten mit den konjunkturellen und strukturellen Krisenprozessen der Regulierungsmechanismus und seine Instrumente in den Vordergrund. Die Rohstoff- und

---

43 Gündel u. a., 1967, S. 85

Energieprobleme, die Umweltproblematik und die Währungskrise lenkten die Forschung auf Fragen der Modifizierung des staatsmonopolistischen Kapitalismus – mit dem Ergebnis, dass unter staatsmonopolistischer Regulierung nicht nur die Regulierungstätigkeit des imperialistischen Staates zu verstehen sei, sondern generell der gesamte Mechanismus zur Herstellung und Sicherung der Proportionalität der Wirtschaft.[44] Gleichzeitig gab die dynamische Globalisierung den Anstoß, internationale Tendenzen und Formen staatsmonopolistischer Entwicklung verstärkt zu erforschen.

In diesem Zusammenhang war die Monographie »Internationaler Kapitalismus«[45] ein wichtiger Baustein für die Weiterentwicklung der Theorie. Ihren Hauptinhalt bilden die vielfältigen Verflechtungen von Monopolen und Staatsaktivitäten auf internationaler Ebene, die zunehmende Wechselwirkung und gegenseitige Abhängigkeit der nationalen Volkswirtschaften sowie die Rolle zwischenstaatlicher internationaler Wirtschaftsverbände und Organisationen des kapitalistischen Weltsystems. Damit verschwinden aber keineswegs die nationalen staatsmonopolistischen Systeme oder gehen in einen »gemeinsamen« internationalen staatsmonopolistischen Kapitalismus auf. Die nationale Grundlage der internationalen Verflechtung besteht fort. Jeder einzelne Staat muss vielmehr in seinen ökonomischen Strategien immer stärker die internationalen ökonomischen und politischen Zusammenhänge berücksichtigen.

In der Schrift wird die These aufgestellt, dass durch den Gesamtprozess der internationalen Arbeitsteilung die Internationalisierung des Kapitals eine stabile, unumkehrbare Grundlage erhalten hat. Sie zeigt sich in der über Ländergrenzen hinausreichenden Spezialisierung der Produktion von Einzelteilen, im Entstehen internationaler Produktionskomplexe, der damit ver-

44 Schwank, 1977, S. 24 ff.
45 Heininger/Maier, 1987

bundenen Ausdehnung des intra-industriellen Handels, in der internationalen Arbeitsteilung von Forschung und Entwicklung und auf dem Gebiet der Information, im Wachsen eines vielmaschigen Netzes von Kapitalverbindungen. Für die größten Monopole ist damit die *transnationale* Expansion ein erstrangiger Bestandteil ihrer Strategien geworden. Mit tief gegliederten internationalen Produktionskomplexen organisieren sie eine konzerninterne Arbeitsteilung und eine eigene Zirkulationssphäre mit entsprechenden Handels- und Kreditinstitutionen. Im Kontext mit dieser Internationalisierung stehen die neuen Grundlagen des internationalen Finanzkapitals, insbesondere die Herausbildung eigenständiger internationaler Institutionen und Gremien als Teilelemente der internationalen finanzkapitalistischen Verflechtung – ohne Auflösung der nationalen Organisationsformen. Mit diesen Trends werden keineswegs die Rivalitäten zwischen den Ländern und den Monopolen abgeschwächt. Hingegen wird durch die fortwirkende Eigenständigkeit nationaler Interessen eine permanente Labilität des Zusammenhalts geschaffen. Sie äußert sich zugleich in ständigen Verschiebungen der ökonomischen Kräfteverhältnisse und deren politischen Auswirkungen im Kampf um die Neuaufteilung der Märkte.

BRD | In der Bundesrepublik Deutschland war die marxistische Forschung zum staatsmonopolistischen Kapitalismus schwerpunktmäßig auf das Institut für Marxistische Studien und Forschungen (IMSF) Frankfurt/Main sowie auf Forschungspotenziale der Universitäten Bremen und Marburg konzentriert. Seit Mitte der 1960er Jahre des vergangenen Jahrhunderts galt der »staatsmonopolistische Kapitalismus« längst nicht mehr nur als Kategorie der wissenschaftlichen Analyse, sondern war auch zum Begriff der politischen Auseinandersetzung geworden. Heinz Jung und Josef Schleifstein trugen dem mit der Veröffentlichung ihres Manuskripts »Die Theorie des staatsmonopolistischen Kapitalismus und ihre Kritiker« Rechnung und führten das Kürzel »*SMK*« ein.[46] Sie betonten, dass es in der Entwicklung der Realität der kapitalistischen Gesellschaft keinen Stillstand gibt. In den neuen Erscheinungen drückten sich vielmehr grundlegende Zusammenhänge des Systems aus. Die Theorie des SMK könne daher als *Leitfaden der Analyse des heutigen Kapitalismus* angesehen werden. Sie habe »in erster Linie Antworten auf die Probleme des Klassenkampfs und der Auseinandersetzung mit dem heutigen Kapitalismus zu geben. In diesem Sinne ist sie praxisorientiert und erhält die Hauptimpulse ihrer Entwicklung von der Praxis.«[47]

Im Mittelpunkt der Auseinandersetzung mit den Kritikern der SMK-Theorie stehen die Monopoltheorie, die Staatstheorie und Fragen des Verhältnisses von Staat und Monopolen. Jung/Schleifstein gehen davon aus, dass es dabei nicht schlechthin um »Staatsableitungen« gehe, sondern es sich um die Darstellung der Kernstruktur des heutigen Kapitalismus handele. Und das betrifft Fragen zum Charakter und Ausmaß der ökonomischen Funktion des Staates und seines wirtschaftspolitischen Regulierungsmechanismus, zur Einwirkung der Klassenbeziehungen und des Klassenkampfs auf Funktion und politische Maßnahmen des Staates, zur Bedeutung der Sozialpolitik und der Sozialstaatsillusionen, der Demokratie und ihres Klasseninhalts, letztlich auch die Frage einer antimonopolistischen Strategie.[48]

Diese Forschungsrichtung wurde mit einer Vielzahl von detaillierten Untersuchungen untermauert. Zu nennen sind hier vor allem die zwei mit rund tausend Seiten sehr umfangreichen Bände des Instituts für marxistische Studien und Forschungen (IMSF) »Der Staat im staatsmonopolistischen Kapitalismus der

---

46 Jung/Schleifstein, 1979
47 Jung/Schleifstein, 1979, S. 10
48 Jung/Schleifstein, 1979, S. 122, S. 168 ff.

Bundesrepublik«.[49] Der erste beschäftigt sich mit der Staatsfrage im Zusammenhang mit der zeitgenössischen Kapitalismusanalyse, der zweite bereitet dazu einen Fundus von empirischen Analysen und Fakten aus der Realität der BRD auf. Eine Vielzahl von Autoren – darunter Jörg Huffschmid, Christoph Butterwegge, Frank Deppe – gingen der Frage nach, in welchen Strukturen und Inhalten sich das Verhältnis von Staat und Wirtschaft bzw. Monopolen realisiert, welche Tendenzen die relative Selbstständigkeit des bürgerlichen Staats im SMK aufweist und welche Rolle der Staat in den Klassenbeziehungen spielt.

Ausgehend von der materialistischen Staatstheorie der aufstrebenden Bourgeoisie sowie der marxistischen Staatstheorie werden wichtige zeitgenössische Strömungen zu diesem Thema wie die von Antonio Gramsci, Louis Althusser, Nicos Poulantzas dargelegt und reformistische Auffassungen wie die von Jürgen Habermas und Claus Offe einer Kritik unterzogen. Den Kern der Untersuchung aber bilden grundlegende Probleme des Staates im SMK der BRD. Im Kontext mit seinen Grundstrukturen werden solche Teilbereiche wie Staatstyp und Staatsformen im SMK, der Verflechtungsmechanismus von Staat und Finanzkapital, Bürokratie und Selbstverwaltung detailliert erforscht und aus den entscheidenden Triebkräften der ökonomischen Staatsaktivitäten wie Infrastruktur, Klassenkampf, Rüstung und Militarisierung sowie Internationalisierung theoretische Erkenntnisse zur Gestaltung des Verhältnisses von Ökonomie und Politik abgeleitet. Um hier nur ein Problem herauszugreifen – die *Verflechtungsthese* als zentraler Bestandteil der SMK-Theorie: »Sie betrifft vor allem die Beziehungen zwischen staatlichen und nichtstaatlichen Elementen des politischen Überbaus des heutigen Kapitalismus. Das Kernverhältnis wird dabei durch die Beziehungen der Monopole und ihrer Organisationen und der

49 Autorenkollektiv, 1981

Staatsapparate konstituiert. Konkretes Verflechtungsscharnier sind vor allem die monopolistisch beherrschten Unternehmerverbände. Die staatsmonopolistische Verflechtung ist zum einen Ausdruck eines hohen Vergesellschaftungsgrades, zum anderen sind ihre Inhalte und Formen staatsmonopolistisch deformiert.«[50]

In der alten Bundesrepublik beschäftigte sich in dieser Zeit auch eine marxistische Strömung in der deutschen Sozialdemokratie mit dem staatsmonopolistischen Kapitalismus – oft mit der Kurzform »*Stamokap*« versehen. Besonders bei den Jusos, dem Sozialistischen Hochschulbund SHB und der SJD Die Falken wurde er zu einem Kampfbegriff der innerparteilichen Auseinandersetzung. Aus mehrjährigen Diskussionen innerhalb der Jungsozialisten sowie marxistischen Parteilinken gingen 1980 die *Herforder Thesen*[51] hervor. In den ersten zehn der 80 Thesen zur Begründung einer eigenständigen marxistischen Strategie wird mit der Darlegung grundlegender Krisenmomente des heutigen Kapitalismus auf die »intensive, gleichwohl aber nicht widerspruchsfreie Verflechtung von Staat und privaten Monopolen« ausdrücklich Bezug genommen. Die Bezeichnung des Kapitalismus als »staatsmonopolistischer Kapitalismus« wird als zutreffend charakterisiert, weil dies die entscheidenden ökonomischen Entwicklungstendenzen ins Bewusstsein bringe – die »dominierende Rolle der nationalen und multinationalen Monopolunternehmen und die enorm angestiegene ökonomische Bedeutung des Staates für die Aufrechterhaltung der Produktion«.[52] Diese Thesen waren ein wichtiger Beitrag zur Stamokap-Theorie, die in dieser Zeit zur akzeptierten Grundlage für den antimonopolistischen Kampf einer relativ breiten sozialen Bewegung wurde.

---

50 Autorenkollektiv, 1981 Bd. 6/I, S. 218
51 Autorenkollektiv, 1980, S. 13 ff.
52 Autorenkollektiv, 1980, S. 23

Sowjetunion | Für die Fundierung der Theorie des SMK war die Vielzahl von Arbeiten der Wissenschaftler aus der Sowjetunion von eminenter Bedeutung. Sowohl vom Institut für Weltwirtschaft und internationale Beziehungen (IMEMO) in Moskau als auch von den Ökonomen der Leningrader Universität wurden wesentliche Erkenntnisse zum theoretischen Gefüge beigesteuert.

Die Wissenschaftler des Moskauer Akademieinstituts IMEMO untersuchten sowohl die staatsmonopolistische Entwicklung in einzelnen hochentwickelten kapitalistischen Ländern als auch ganz spezifische Prozesse, Tendenzen und Strukturen der nationalen und internationalen staatsmonopolistischen Entwicklung. Nur auf wenige Schriften kann hier Bezug genommen werden.

J. L. Chmelnitzkaja ist in ihren Studien zur Entwicklung des Monopolkapitalismus besonders auf die Formen der staatsmonopolistischen Entwicklung eingegangen.[53] Sie alle seien wirksame Mittel zur Stärkung der Monopole, zur Erhöhung ihres anteiligen Gewichts in der Wirtschaft, zur Verstärkung ihrer politischen Herrschaft. Die staatsmonopolistischen Maßnahmen stärken die Monopole gegenüber nichtmonopolisierten Betrieben, schützen die Monopole vor Risiken, indem sie diese zu Lasten des Staates verlagern. Besonders Erscheinungen wie Verstaatlichung und Staatseigentum, Monopolpreis, Programmierung sowie der Tendenz zur Planmäßigkeit in der kapitalistischen Wirtschaft ging die Wissenschaftlerin in ihren empirischen Studien zur Verflechtung von privaten und staatlichen Monopolen nach.

Vor allem den Besonderheiten des SMK in Japan wendet sich die Analyse von J. A. Pevsner zu.[54] Der Wissenschaftler betrachtet die grundlegenden Widersprüche, die mit der schnellen

53 Chmel'nickaja, 1959; Chmel'nickaja 1971
54 Pevsner, 1976

ökonomischen Entwicklung Japans entstanden sind, und die Versuche, sie auf Grundlage der Verbindung von Konkurrenz und staatlicher Regulierung zu lösen. Ausgehend von den historischen Besonderheiten der Entwicklung des SMK in Japan werden im Vergleich zu den USA und Westeuropa Probleme des Wachstums, das Verhältnis von Kapital und Staatsapparat, die staatsmonopolistische Preisbildung untersucht sowie die Rolle des Staates für die außenwirtschaftlichen Beziehungen, bei der Planung und Programmierung aufgezeigt. Japan – ein Land mit einer stabilen Tradition des »Etatismus« – galt als ein gewichtiger Faktor im staatsmonopolistischen System dieser Zeit.

Die Wissenschaftler der Staatlichen Universität Leningrad hatten in der marxistischen Kapitalismusforschung unter S. I. Tjulpanow eine exponierte Stellung inne. Eine Forschergruppe unter A. A. Djomin befasste sich in den 1970er Jahren mit einer besonderen Form und Struktur der Verflechtung von Staat und Monopolen – den staatsmonopolistischen Komplexen. Diese werden als »die wichtigsten Gliederungen des modernen staatsmonopolistischen Systems, die spezifische Form seiner Konzentration, Zentralisation und seines Funktionierens, die Form der Verbindung der Monopole in einen einzigen Mechanismus mit der Staatsmaschinerie und ihren entsprechenden Unterabteilungen« bezeichnet.[55] Die Vereinigung der Macht der Monopole mit der Macht des Staates erreiche hier das höchste Niveau. Das Wesentliche dieser Komplexe ist, dass die aktive Teilnahme staatlichen Kapitals eine notwendige Bedingung ihres Funktionierens ist.

Der Komplex-Begriff wurde vor allem auf den militärisch-industriellen Komplex (MIK) bezogen. Daneben waren auch der Atom-, der Luft- und Raumfahrt-, der Forschungs- und Entwicklungs- (FuE) sowie der agrarisch-industrielle Komplex (AIK) Gegenstand der Analyse. Das Wesen des MIK wird darin

55 Djomin, 1978

gesehen, dass sich im Imperialismus mit dem ihm eigenen Militarismus besondere militärisch-staatsmonopolistische Bündnisse, Strukturen und Gruppen entwickeln, die durch eine erzreaktionäre, aggressive Allianz des monopolistischen Kerns des Rüstungsgeschäfts mit der militaristischen Führungsschicht des Staatsapparats gekennzeichnet sind. Diese Aussage führte zu einer bis in die heutige Zeit gültigen Erkenntnis: »In dem Maße, wie der Militär-Industrie-Komplex wächst, wird er zu einer selbstständigen Kraft, die der Verstärkung des Militarismus und dem Wettrüsten mächtige zusätzliche Impulse verleiht. Und solcher Impuls kann zu dem verhängnisvollen Tropfen werden, der in der spannungsgeladenen, von Kernwaffen starrenden Welt den Becher zum Überlaufen bringt.«[56]

Frankreich | In Frankreich entwickelte sich angesichts zunehmender sozialer Konflikte ein besonderes Interesse an der Klärung neuer Fragen zur Entwicklung des Kapitalismus. Ausdruck davon war die von einem großen Autorenkollektiv des ZK der FKP und der Zeitschrift »Economie et Politique« unter Leitung des Wirtschaftswissenschaftlers Paul Boccara 1971 vorgelegte Arbeit »Der staatsmonopolistische Kapitalismus«.[57] Ausgehend vom Gesetz des tendenziellen Falls der Profitrate und der Überakkumulation behandelten die Autoren die Rolle des Staates für die monopolistische Kapitalverwertung und Probleme einer demokratischen Nationalisierung. Die wachsende Konzentration des Monopolkapitals und die Stärkung der Rolle des Staates bezeichneten sie als die zwei Hauptfragen, denn sie verändern tiefgreifend die Klassenverhältnisse, verschärfen die Ausbeutung der Arbeiterklasse, erweitern das Feld der Ausbeutung und verstärken die Beherrschung aller gesellschaftlichen Zwischenschichten durch das Monopolkapital.

---

56 Zagalow, 1980, S. 44
57 Boccara, 1973

Historisch ordnen die Autoren den staatsmonopolistischen Kapitalismus dem Monopolkapitalismus oder Imperialismus zu. Deren Wesenszüge – die Monopole, die Entwicklung des Finanzkapitals und der systematisch betriebene Kapitalexport – bringen den Widerspruch zwischen dem Anwachsen des gesellschaftlichen Charakters der Produktivkräfte und der Ausbeutung der Arbeitermassen sowie der Ausplünderung der Zwischenschichten als Ergebnis des Wirkens einer immer kleiner werdenden Anzahl von kapitalistischen Monopolen zum Ausdruck.[58] Insgesamt zeigt sich der staatsmonopolistische Kapitalismus als eine organische Gesamtheit. Sie umfasst nicht nur ökonomische und soziale Elemente, sondern auch politische, ideologische, militärische und andere Aspekte. In diesem Sinne stellt der SMK »eine besondere Phase innerhalb des Stadiums des Imperialismus« dar. In dieser Phase gewinnt die Rolle des Staates an Bedeutung. Dies entspricht einem objektiven Bedürfnis der großen Monopolgruppen, liegt daher in deren Interesse. Zwischen Monopolen und Staat gibt es jedoch keine Fusion oder Trennung. Es bestehen vielmehr enge Wechselbeziehungen, die auf ein gemeinsames Ziel gerichtet sind – die Akkumulation des Kapitals zu erhöhen und den Monopolprofit zu sichern, das Privateigentum an den wichtigsten Produktionsmitteln zu verewigen und die Beherrschung der Gesellschaft durch die Monopolbourgeoisie aufrechtzuerhalten.

Die französischen Autoren gingen in ihren Analysen von den konkreten nationalen Verhältnissen ihres Landes aus. Dementsprechend nehmen Planung und Nationalisierungen als besondere Formen des Staatsmonopols einen wichtigen Platz ein. In ihrer Spezifik entwickelte sich in Frankreich die Planification als eine längerfristige gesamtwirtschaftlich institutionalisierte Rahmenplanung im Zusammenhang mit dem öffentlichen Eigentum. Sie galt als Lösung zur Überwindung der gesellschaftlichen

58 Boccara, 1973, S. 18,19

Widersprüche und war zugleich als Teil des gesamten staatlichen Instrumentariums auf die Erhaltung des privaten Profits orientiert, verstärkte die kapitalistische Akkumulation und den Ausbau der monopolistischen Struktur der französischen Wirtschaft zu Lasten der Bevölkerung. Nach Meinung der Autoren stellte die Aufstellung eines nationalen Plans in Frankreich eine Besonderheit bei der Definition der allgemeinen Interessen des Monopolkapitals in einer bestimmten Phase der Klassenauseinandersetzung dar.

Rückblickend stellen die Jahrzehnte intensiver Forschungsarbeit zum staatsmonopolistischen Kapitalismus eine beachtliche Weiterentwicklung der marxistischen Kapitalismustheorie dar. Die SMK-Theorie war nicht darauf aus, die gesamte kapitalistische Gesellschaft zu erklären, sondern prononciert auf das *Verhältnis Staat/Monopole* als entscheidendem Instrument des kapitalistischen Funktionsmechanismus gerichtet. Mit umfangreichen Faktenanalysen verwies sie auf neue Strukturen und Bewegungsspielräume des Kapitalismus und führte die These von der Anpassung der kapitalistischen Produktionsverhältnisse an den gesellschaftlichen Entwicklungsstand der Produktivkräfte und an veränderte Existenzbedingungen fort. Die SMK-Theorie hat damit ein Konzept vorgelegt, das an einer bestimmten historischen Kontinuität der kapitalistischen Entwicklung festhält und zugleich einen Erklärungsansatz für den Übergang zu einzelnen Phasen der Entwicklung zu bieten sucht. Darüber hinaus lässt sich aus ihren Ergebnissen schlussfolgern, dass der staatsmonopolistische Kapitalismus *als eine wesentliche und sich entwickelnde Existenzform des Monopolkapitalismus* bezeichnet werden kann. Keineswegs stellt er *eine eigene, selbstständige Phase des entwickelten Kapitalismus* dar, und er ist *zeitlich* auch nicht begrenzt, solange der Kapitalismus seine *Anpassungsfähigkeit* an neue Herausforderungen adäquat über einen eng verzahnten Mechanismus von Staat und Monopolen nutzen kann.

2.
Zum Verschwinden der SMK-Theorie

Mit dem gesellschaftlichen Umbruch durch den Niedergang des »realen Sozialismus« brach die Forschung auf diesem Gebiet fast völlig ab. Und bis heute gibt es keine Fortsetzung in der gesamttheoretischen Arbeit auf diesem Gebiet der Kapitalismuskritik. Andererseits wurden aber seit 1989/1990 vielfach Defizite marxistischer Kapitalismusanalyse thematisiert, um neuen Herausforderungen der Auseinandersetzung mit dem System gewachsen zu sein. So schrieb Heinz Jung: »Die marxistische Analyse des postsozialistischen Kapitalismus in seinen innergesellschaftlichen und internationalen Dimensionen steht in einer Tradition und Kontinuität, die nicht zu leugnen, sondern produktiv zu machen ist. Sie hat freilich auch die Defizite und Verengungen zu überwinden, die mit dem Zusammenbruch des alten Sozialismus offenkundig geworden sind. Das gilt zumindest für jene Richtung, die mit der kommunistischen Bewegung verbunden war und den entwickelten Kapitalismus unserer Zeit als staatsmonopolistischen Kapitalismus (SMK) und sein internationales System als Imperialismus fasste.«[59] Aufschlussreich sind – auch nach mehr als zwei Jahrzehnten – einige Defizite der SMK-Theorie, die unter dem Eindruck des untergegangenen Realsozialismus benannt wurden:

Erstens, die Periodisierungsfrage. Sie setzt an einem Aspekt der SMK-Theorie an, der durch den Bezug auf die Leninsche Imperialismustheorie und die Theorie von der allgemeinen Krise gegeben ist. Es handelt sich um die Interpretation des historischen Platzes des Kapitalismus, um die Charakterisierung des Imperialismus als dessen höchstes und letztes Stadium und daraus resultierend als direkter Übergang zum Sozialismus. Die Entwicklung des staatsmonopolistischen Kapitalismus wurde

59 Jung, 1991, S. 7

dabei vielfach erstrangig aus der Einwirkung des Sozialismus als Systemalternative mit einer fast zwanghaften Etappen- und Phasenbildung und damit als eine »unmittelbare Vorstufe zum Sozialismus« oder als historische Entwicklungsstufe in der »Endzeit« des Kapitalismus interpretiert. Die Wechselwirkung des Systemgegensatzes blieb weitgehend außen vor. Das verstellte den Blick auf reale Entwicklungstendenzen des Sozialismus wie auch des Kapitalismus.

Zweitens, die Unterschätzung der Entwicklungspotenziale des Kapitalismus. Das betrifft nicht die Thematisierung der wissenschaftlich-technischen Entwicklung, der wissenschaftlich-technischen Revolution mit ihren raschen Schüben der Produktivkraftentwicklung. Ungenügend war die Sicht auf die Schaffung von Bedingungen ihrer Anwendung und Verbreiterung. In diesem Zusammenhang wurde vor allem die Wirkung der verstärkten internationalen monopolistischen Konkurrenz für die Erschließung neuer Bereiche der Kapitalisierung der Gesellschaft und damit auch neuer Potenziale der Profitproduktion unterschätzt. Auch die Entwicklungsmöglichkeiten, die über den Bereich der Ökonomie hinausgingen, besonders die der politischen und sozialen Beziehungen und das Aufspüren von staatsmonopolistischen Anpassungsmöglichkeiten im politischen und sozialen Raum fanden kaum Beachtung.

Drittens, das Problem der Verstaatlichung. Es geht dabei nicht um Staatseigentum als flexibel einsetzbares staatsmonopolistisches Regulierungsinstrument, sondern um die Verabsolutierung der Verstaatlichung als Hauptziel marxistischer Vergesellschaftungspolitik. Weil Staatseigentum durch politischen Druck auch im Interesse von Beschäftigten und Bevölkerung beeinflussbar ist, wurde es als höchste Form der Vergesellschaftung angesehen. Die komplizierte Problematik des Zusammenspiels verschiedener Vergesellschaftungsformen mit dem wissenschaftlich-technischen Fortschritt und einer zunehmend differenzierteren Eigentumsordnung im entwickelten Kapitalismus stand, ähnlich wie das Vorhandensein des großen Sektors der kleinen und mittleren Unternehmen, außerhalb theoretischer Betrachtung.

Nichtsdestotrotz bleibt es das Verdienst der SMK-Konzeption, die Verflechtung von Ökonomie und Politik durch die Interaktionen von Monopolen und Staat als notwendigen kapitalistischen Ausdruck der Vergesellschaftung und Kern des heutigen kapitalistischen Regulierungsmechanismus definiert zu haben.

Dass die Theorie bis heute verschwunden ist, hängt aber nicht nur mit nachgewiesenen Defiziten zusammen. Es gibt noch andere Erklärungen hierfür:

- Zunächst war es der mit der unerwarteten Niederlage des Sozialismus ausgelöste Schock, der Wissenschaftlern eine kritische Analyse des Kapitalismus und ihre theoretische Verallgemeinerung nicht mehr opportun erscheinen ließ. Den Hintergrund bildet eine materiell-ideologische Komponente, die zum Ende des Systemgegensatzes deutlich erkennbar wurde. Sie bestand darin, dass der kapitalistische Konsumismus auf Grundlage der effektiven Funktionsfähigkeit des entwickelten Kapitalismus sich gegenüber der sozialistischen Produktions- und Konsumtionsweise als überlegen erwies und die Wendung eines großen Teils der Bevölkerung gegen den real existierenden Sozialismus bewirkte. Das oft gezeichnete Bild der Krisenhaftigkeit des niedergehenden Kapitalismus verblich gegenüber der Faszination einer zu erwartenden größeren Bedürfnisbefriedigung. Außen vor und kaum noch vermittelbar blieb angesichts der aufgeheizten ideologischen Situation das Agieren des Finanzkapitals und seiner politischen und antisozialistischen Herrschaftsmechanismen einschließlich ihrer neuen expansionistischen Zielstellungen.
- Hinzu kam – und das betrifft besonders die DDR-Kapitalismusforschung, dass mit der Angliederung der DDR an die

bundesdeutsche Gesellschaftsordnung ein rigoroser Abbau des Wissenschaftspotenzials und von Forschungseinrichtungen verbunden war. Bei der »Abwicklung« oder »Überleitung« der Wissenschaftler in eine neu strukturierte Wissenschaftslandschaft ging es in erster Linie um eine politische und moralische Diskriminierung ihrer Leistungen in der DDR sowie um Inbesitznahme von Positionen durch die bundesdeutsche Konkurrenz. Allein an den DDR-Hochschulen wurden mehr als 60 Prozent des Personals abgebaut. Nach Angaben des Historikers Mitchell Ash waren Stellenabbau und Entlassungen zwischen 1989–1994 bedeutend umfassender als bei den Regimewechseln von 1933 und 1945 zusammengenommen.[60] Es erfolgte die Schließung ganzer Institute besonders der politiknahen Disziplinen Philosophie, Geschichte, Rechtswissenschaft, Wirtschaftswissenschaft. Die Institute der Akademie der Wissenschaften wurden 1991 völlig aufgelöst. Dieses Schicksal traf auch das Institut für Internationale Politik und Wirtschaft (IPW) mit fast 500 Mitarbeitern, das ausschließlich auf die Erforschung der Entwicklung des Kapitalismus und der kapitalistischen Weltwirtschaft orientiert war.

- Kennzeichnend für die Lage nach dem Ende der Systemkonfrontation war ferner, dass viele Wissenschaftler mit der Begründung einer bisher praktizierten Dogmatisierung des Marxismus oder dem Vorwurf der »Enge des marxistisch-leninistischen Denkgebäudes« dieser Theorie völlig den Rücken kehrten, sich dem politischen Zeitgeist anpassten oder sich – falls sie nicht zu einer langfristigen Arbeitslosigkeit verdammt waren – neuen Tätigkeitsgebieten zuwandten. Das wurde in allen ehemals sozialistischen Ländern mit der Restauration der bürgerlich-kapitalistischen Gesellschaft zu einer allgemeinen Erscheinung.

60 Scheloske, 2009

- In den westeuropäischen Staaten war bei marxistischen Wissenschaftlern bis dahin oft eine apologetische bzw. euphorische Sicht auf die Entwicklung des Realsozialismus vorherrschend gewesen. Nach dem Kollaps des Sozialismus wurde die Frage aufgeworfen, inwieweit man angesichts der tiefgreifenden Verunsicherung die immer noch notwendige Kapitalismuskritik mit gesellschaftlichen Alternativen verbinden sollte, zumal der Fixpunkt des Systemgegensatzes entfallen war. Die Theorie des SMK mit den aus ihr gegebenen Handlungsmöglichkeiten für demokratische Alternativen stand daher nicht mehr auf der Tagesordnung. Sie wurde von einigen für »ausgebrannt« oder zu »orthodox« erklärt und der Begriff Stamokap oder SMK verschwand aus der linken Öffentlichkeit. Das Festhalten an solchen Termini muss aber nicht unbedingt verkehrt sein, wenn damit auch heute noch die gesellschaftlichen Beziehungen und Funktionsmechanismen des Kapitalismus erklärt werden können. Doch man orientierte sich angesichts der gewandelten gesellschaftspolitischen Situation meist auf neue und oft oberflächlich interpretierte Erscheinungen des Kapitalismus.
- Im Zusammenhang mit der »Revitalisierung« des Kapitalismus begann auch die theoretische Konzeption der »Transformation« erneut eine Rolle zu spielen. Unter diesem Begriff wird der Wandel einer Gesellschaft zu einem anderen System sozialer Ordnung gefasst. Laut Michael Brie[61] geht es bei der Transformation um einen »Systemwechsel, der durch eine enge Verbindung von Steuerung und Selbstorganisation gekennzeichnet ist«. Es ist hier nicht der Platz, auf die Transformationsforschung explizit einzugehen, wie sie jetzt verstärkt verfolgt wird.[62] Sie ist auch nicht

61 Brie, 2010, S. 12-56
62 Klein, 2010

als ein Pendant zur SMK-Theorie zu verstehen, versucht aber, deren Platz in der Kapitalismuskritik einzunehmen. Detailliert beschreibt sie die neuen Probleme des weiterhin funktionierenden, krisenhaften Kapitalismus, lässt aber sowohl die aus der sozialökonomischen Grundstruktur als auch aus dem Verflechtungsmechanismus von Wirtschaft und Staat sich ergebenden Kräfte- und Machtverhältnisse für einen gesellschaftlichen Wandel außer Acht.

Der Begriff »Transformation« spielte in der Nachwendezeit in den bürgerlichen Sozialwissenschaften als »postsozialistische Transformation« oder »nachholende Modernisierung« wie auch in der marxistischen Kapitalismusanalyse für einige Jahre eine Rolle – hier schon als Reaktion auf den Vormarsch der Restauration und des marktwirtschaftlichen Denkens. In einem Beitrag zu Problemen der marktwirtschaftlichen Transformation in Ostdeutschland ging Horst Heininger auf die Eigentumsumwandlung als Kern dieser Transformation ein.[63] Er setzte sich dabei auch kritisch mit der Rolle des Staates bei der Gestaltung des Transformationsprozesses durch die Privatisierungspolitik der Treuhand auseinander. Immerhin fand ja diese Transformation unter der direkten Einflussnahme des westdeutschen Finanzkapitals statt. Die Treuhand verkörperte in ihrer personellen Besetzung als »Personalunion« die enge Liierung von Wirtschaft und Staat und stellte ihre Funktionsfähigkeit als erstrangiges staatsmonopolistisches Instrument bei der Privatisierung des Staatseigentums unter Beweis.[64]

In den Jahren seit dem gesellschaftlichen Umbruch hat sich die Lage des Weltkapitalismus äußerst schnell verändert. Insbesondere im jüngsten Jahrzehnt bahnt sich im Kontext mit der »Großen Krise« auch eine neue Weichenstellung in der

63 Heininger, 1991, S. 7 ff.
64 Binus, 1996, S. 54 ff.

Rezeption von Marx – eine erneute Beschäftigung mit Marxschen Ideen an, und das in vielfältiger Weise. Es sind eine Fülle fundierter kapitalismuskritischer Analysen zu vielschichtigen Problemen eines komplex und differenziert sich entwickelnden kapitalistischen Systems veröffentlicht worden. Das betrifft auch die Rolle des Staates für die Reproduktion und die Verwertungsbedingungen des Kapitals. In jüngster Zeit gibt es zudem eine Vielzahl von Beiträgen zu alten und neuen Erscheinungen im Verhältnis von Staat und Monopolen – wie gegenwärtig zum ausufernden Lobbyismus als einem wichtigen Instrument staatsmonopolistischer Regulierung oder zum Ausbau vielfältiger institutioneller Mechanismen. All dies wird jedoch nicht einem weiterentwickelten theoretischen Konzept des SMK zugeordnet.

Sollte heute auf die SMK-Theorie zurückgegriffen werden? Immerhin leben wir in einer sehr beunruhigenden Zeit – geprägt durch eine lang anhaltende Systemkrise des Kapitalismus in weltweitem Ausmaß. Deren Auswüchse in ihrer ganzen Breite und Tiefe – vom Sozialabbau über die neuen imperialistischen Rohstoffkriege bis hin zu den globalen Problemen wie Umwelt, Armut, Klimaschutz – werfen Fragen nach Ursachen und notwendigen Gegenstrategien auf. Ohne Zweifel gehört dazu auch eine genauere Kenntnis über die Entwicklung der sozialökonomischen Grundlagen des Kapitalismus und seines Funktionsmechanismus. Die Theorie des SMK bietet dafür immer noch wesentliche Ansätze. Sie erfasst mit der Orientierung auf den Dualismus von Staat und Monopolen zwar nicht die gesamte Struktur des sich entwickelnden Kapitalismus, konzentriert sich aber nicht nur auf die ökonomische Tätigkeit des Staates. Sie nimmt weitreichender die grundlegenden Veränderungen im Wechselverhältnis von ökonomischen, sozialen, politischen und ideologischen Prozessen ins Visier.[65]

---

65 Heininger, 1997, S. 51

Dieser Ansatz für eine Kapitalismusanalyse wird gegenwärtig kaum verfolgt – auch aus objektiven Gründen:

Einmal sind neue Probleme stark in den Vordergrund gerückt, die der Kapitalismus nicht in der Lage ist, zu lösen. Sie werden zum Teil sehr detailliert dargestellt, die Ursachen und Zusammenhänge jedoch selten hinterfragt. Das betrifft die Globalisierung mit ihren verschiedenartigsten sich ausbreitenden Netzwerken, den raschen wissenschaftlich-technischen Fortschritt, die Energie- und Rohstofffragen, die Euro-Krise, die Klima- und Umweltfragen, die Probleme des Wachstums sowie die weltwirtschaftlichen Beziehungen und die Veränderungen des internationalen Kräfteverhältnisses.

Zum anderen bleibt aber gegenüber diesen neuen Herausforderungen die Organisierung einer marxistisch orientierten Theoriebildung weit zurück. Es fehlt vor allem das Potenzial an marxistischen Wissenschaftlern, die solch eine wissenschaftliche Tradition des vergangenen Jahrhunderts wie die Theorie des SMK fortsetzen könnten.

III.
Aktualität der SMK-Analyse

1.
Veränderungen in der Weltsituation – Eine neue Stufe monopolistischer Konkurrenz

Der Untergang des Sozialismus in Europa war ein Einschnitt mit immensen Auswirkungen auf die internationale Kräftekonstellation der Staaten und Machtzentren, auf die Konkurrenzverhältnisse und die Lage der arbeitenden Menschen. Zäsuren in der Entwicklung des Kapitalismus sind nicht neu. Im Laufe des 20. Jahrhunderts hatte es bereits zwei andere, einschneidende Veränderungen der internationalen Weltlage gegeben: Die erste erfolgte im Zusammenhang mit dem Ersten Weltkrieg und der Oktoberrevolution 1917 in Russland. Das bis dahin bestehende einheitliche kapitalistische System zerbrach. Die zweite qualitative Veränderung in der Weltsituation trat mit dem Ende des Zweiten Weltkriegs ein. Die Sowjetunion stand als Weltmacht den USA gegenüber. Mit dem Abfall vieler Länder Osteuropas und Asiens vom Kapitalismus bildete sich ein sozialistisches Weltsystem heraus.

Die *dritte* gravierende Veränderung mit dem Epochenumbruch 1989/90 und der bisher schwersten Niederlage des revolutionären Weltprozesses bringt mit der Restauration kapitalistischer Eigentums-, Macht- und Verteilungsverhältnisse im Osten Europas einen grundlegenden Wandel in der Entwicklung des Weltkapitalismus hervor. Er ist gekennzeichnet durch neue polarisierende Konkurrenzkämpfe, Konflikte und Krisen. Mit dieser historischen Zäsur wurde ein Zeitabschnitt tiefgreifender sich verändernder Machtkonstellationen im internationalen Kräfteverhältnis eingeleitet, dessen Entwicklung und Konsequenzen bis heute nicht absehbar sind.

Einige charakteristische Tendenzen sollen kurz genannt werden:

Nach der Niederlage des Sozialismus in Europa trat an die Stelle der »Bipolarität« der beiden Systeme zunächst die Dominanz der USA als alleinige Führungsmacht. Zugleich wurde aber auch eine Ära ökonomischer und politischer Entwicklung eingeleitet, in der sich die Grundlagen einer neuen Weltordnung allmählich erst abzuzeichnen beginnen. Es verändern sich die Rahmenbedingungen für die Gestaltung der internationalen Beziehungen mit Rückwirkungen auf die innere politische und vor allem soziale Lage in den kapitalistischen Ländern.

Mit dem starken ökonomischen Wachstum Japans auf Grund der Anwendung neuer wissenschaftlicher Erkenntnisse und Hochtechnologien, seiner Expansion auf dem Weltmarkt und der damit verbundenen politischen Stärkung sowie mit der neuen ökonomischen Integrationsqualität und politischen Formierung der Europäischen Union bildete sich zunächst ein wirtschaftliches und politisches Machtkonstrukt in Form einer »Triade« USA – Japan – EU heraus. Sie hatte lediglich bis zur Jahrtausendwende Bedeutung, da Japan in einer länger anhaltenden Krise seine Machtposition einbüßte. Es zeigte sich in dieser »Multipolarität« aber schon der Beginn einer langfristigen Tendenz des Hegemonialverlusts der USA, zumal in der gleichen Periode China mit seinem ökonomischen und politischen Aufstieg an Gewicht gewann und weitere Staaten wie Indien, Brasilien, Südafrika und Russland stärker in Erscheinung traten.

Im letzten Jahrzehnt setzt sich der Wandel der Kräftekonstellation zwischen den Großmächten verstärkt fort:

- China tritt mit seiner Marktöffnung, einer nachholenden marktwirtschaftlichen kapitalistischen Entwicklung und einem enormen wirtschaftlichen Wachstum als ökonomische Führungsmacht mit weltpolitischem Anspruch den USA gegenüber.
- Russland strebt trotz seiner bisher unproduktiven Binnenstruktur auf Grundlage seiner umfangreichen Rohstoffressourcen und der politischen Stabilisierung der Staatsmacht die Wiedererlangung seiner Rolle als politische und militärische Weltmacht an.
- Die EU positioniert sich unter dem Diktat Deutschlands als stärkste Wirtschaftsmacht mit ihren politisch-strategischen Interessen im globalen Machtkampf als Vertreterin eines europäischen Kapitalismus. Sie ist bestrebt, ihre Eigenständigkeit in der Weltpolitik immer stärker in den Bereichen Außen- und Militärpolitik geltend zu machen.
- Neue regionale Mächte wie die BRICS-Staaten – Brasilien, Russland, Indien, China und Südafrika – treten im politischen Weltsystem als ein neuer Machtblock hervor, versuchen aber gleichzeitig, ihre eigenen nationalen Interessen gegenüber den Ländern der dritten Welt durchzusetzen.
- Die USA forcieren angesichts dieses Wandels und ihrer »imperialen Erschöpfung« das Streben nach Erhalt und weiterem Ausbau ihrer ökonomischen, politischen und militärischen Dominanz in vielen Teilen der Welt, verändern ihre geostrategische und militärische Orientierung mit Schwerpunkt auf den asiatisch-pazifischen Raum mit dem Ziel, Chinas wachsenden Einfluss einzudämmen. Sie setzen zugleich aber auch die EU mit der Orientierung auf eine Stärkung des transatlantischen Bündnisses als Phalanx gegen Russland unter Druck.

Die Herausbildung neuer Kraftzentren, ihre internationalen Ambitionen und Gestaltungsansprüche wirken sich auf die gesamte Welt aus. Hinzu kommt ein ganzes Arsenal an weiteren Konfliktpotenzialen: Neuartige wissenschaftlich-technische Umwälzungen inklusive der Einführung automatischer Kriegsführungssysteme (Drohnen), wachsende Energie– und Rohstoffprobleme, andauernde weltwirtschaftliche Krisenprozesse und die weiter schwelende Finanzkrise, die nach wie vor bedrohliche Kluft zwischen Nord und Süd, eine neue Runde des Wettrüstens und die Militarisierung der internationalen Politik, wachsende innere Konflikte und Instabilitäten in vielen Ländern und Regionen der Welt sowie die zunehmende Wucht globaler Probleme bescheren der Weltgesellschaft ein Knäuel schwer lösbarer Probleme.

Rigorose monopolistische Konkurrenz | Die Veränderungen in der Weltsituation bringen die polarisierenden Rivalitätspotenziale verstärkt zur Geltung. Vor allem nimmt der monopolistische Konkurrenzkampf an Schärfe zu. Es zeigt sich in der Gegenwart eine völlig neue Stufe des Kampfes der internationalen Monopole, der Staaten und Staatengruppen um die Neuaufteilung der Welt, um geopolitische Macht, um Märkte und Rohstoffe – und das auch zunehmend in aggressiven Formen bis hin zu neuen imperialistischen Kriegen.

Konkurrenzkämpfe entwickeln sich stets in Abhängigkeit von den jeweiligen konkreten objektiven Bedingungen für die Kapitalverwertung. Anfang der 1970er Jahre war es die Überakkumulationskrise aufgrund der zu geringen Profitaussichten in der Realökonomie, die den Run der Konzerne auf den Finanzmarkt beschleunigte. Gegenwärtig wirken zusätzlich die veränderten »äußeren« Faktoren auf die Strategien der Monopole und damit auf die Konkurrenzverhältnisse ein. Sie bestimmen nach dem Wegfall der viele Jahrzehnte den Kapitalismus zähmenden Systemkonkurrenz in entscheidendem Maß den »inneren« Funktionsmechanismus des Kapitalismus in seiner Gesamtheit. Dies zieht sich über eine Kette von Grundmerkmalen:

- Die Entwicklung zum High-Tech-Kapitalismus mit neuen Anlagesphären für das Kapital, vor allem durch die Installierung weltweiter IT-Verbundnetze mit weitreichenden Folgen für Veränderungen in Charakter und Struktur der Lohnarbeit, bis hin zur Prekarisierung der Arbeit,
- die fortschreitende Globalisierung auf Grundlage der Internationalisierung des Kapitals mit länderübergreifenden Produktions- und Verbundnetzwerken damit einer entsprechenden profitorientierten Regulationsweise,
- die Herausbildung marktbeherrschender Finanzkonzerne und ihre dominierende Rolle im Wirtschaftsgeschehen und in der Weltpolitik,
- die forcierte Akkumulation des Großkapitals als »Ökonomisierung durch Enteignung« mit vielfältigen Formen sozialer Exklusion, weitere Monopolisierung durch Privatisierung öffentlicher Güter,
- die Unfähigkeit der auf kurzfristige Profitlogik orientierten Politik, die wachsenden globalen Probleme von Energie, Klima und Umwelt zu lösen,
- das deutlich stärkere Hervortreten der Kontinuität des imperialistischen Machtstrebens und forcierter Gewaltpolitik.

Unmittelbare Reaktion auf die neue Konkurrenzsituation und Voraussetzung zu ihrer Bewältigung ist eine neue Stufe der Monopolisierung, eine ökonomische Machtkonzentration bei riesigen Mega-Unternehmen – durch Ausschalten der schwächeren Konkurrenten, Aufkauf ihrer Potenziale, Wandel in ihren Kapitaleigentumsstrukturen. Damit im Zusammenhang steht der Ausbau der Führungspositionen der Monopole der Weltwirtschaft, ihre Rolle in den weltwirtschaftlichen Beziehungen sowie in der Weltpolitik. Dieser Prozess der neuen Qualität der Monopolisierung ist durch zwei Tendenzen charakterisiert:

Erstens hat sich mit der Ausdehnung der monopolistischen Eigentumsstruktur die Monopolmacht in neuen Dimensionen und Strukturen konstituiert. Das betrifft die Realökonomie. Transnationale Konzerne mit riesigen international strukturierten Wirtschaftskomplexen und Produktionsstätten in vielen Ländern beherrschen die volkswirtschaftlich bestimmenden Bereiche und spielen durch ihr Agieren in der Entwicklung des heutigen Kapitalismus die entscheidende Rolle. Internationalisiert haben sich zugleich die Managerstrukturen, was für den Herrschaftsmechanismus des Monopolkapitals von Bedeutung ist.

Zweitens ist heute vor allem der Finanzmarkt als Regulierungsinstrument in den Vordergrund der kapitalistischen Entwicklung und damit des monopolistischen Konkurrenzkampfs gerückt. Die Dominanz des Finanzkapitals hat die Entfesselung der Finanzmärkte verursacht, den Strukturwandel der politischen Machtausübung zur Finanzdiktatur der Herrschaftselite beschleunigt und einen grandiosen Mechanismus der Umverteilung des Geld- und Kapitalbesitzes einschließlich eines wuchernden Spekulationsgeschwürs in Gang gesetzt.

Für die Beschreibung der neuen Dimensionen im Prozess der ökonomischen Monopolmacht hier einige Fakten:

Die seit 1954 jährlich veröffentlichte UN-Statistik über die TOP 100 mächtigsten Konzerne der Welt macht die gewandelten Kräftekonstellationen zwischen den größten internationalen Monopolen der führenden Staaten deutlich.[66] (Tab. 1) 2012 beliefen sich deren Vermögenswerte auf 12.842 Mrd. US-Dollar. Ihr Vermögen im Ausland hatte daran einen Anteil von 60 Prozent. Sie beschäftigten fast 17 Millionen Menschen, davon fast

66 Anfangs erfasste sie die umsatzstärksten Industriekonzerne, seit einigen Jahrzehnten auch Konzerne des Handels, der unternehmensbezogenen Dienstleistungen und der Medienwirtschaft und entsprechend der Bedeutung der Internationalisierung nach der Größe ihrer Auslandsaktiva

*Tab. 1: Wandel des Kräfteverhältnisses in der Weltkonzernstruktur**

	Anzahl der Konzerne					
Land / Jahr	**1960**	**1970**	**1980**	**1990**	**2000**	**2012**
USA	69	63	47	26	24**	22
Japan	3	8	8	12	16	8
BRD	11	10	15	9	10**	10
Frankreich	2	3	11	14	13	14
GB	11**	8**	10**	13**	14**	14
Italien	1**	3	4	4	2	3
Niederlande	3**	3**	5**	4**	5**	1
Spanien	–	–	–	–	2	3
China	–	–	–	–	1	3
Übrige Länder	–	2	–	20	17	22

* gemessen am Umfang der Auslandsanlagen der 100 größten nichtfinanziellen transnationalen Konzernen – TNKs

** Doppelzählung von TNKs aus zwei Herkunftsländern

Quellen: IPW – Forschungshefte, Die Wirtschaft kapitalistischer Länder in Zahlen, Berlin 1-1982, S. 68 und 1-1987, S. 63; UNCTAD, World Investments Report, Genf/New York, lfd.

zwei Drittel in ihren ausländischen Werken.[67] In der Liste der 100 dominieren die Elektro-, Energie-, Auto- und Stahlkonzerne sowie Konzerne der Telekommunikation, der Pharma- und Lebensmittelindustrie. Nach Jean Ziegler[68] kontrollieren etwa die zehn größten Lebensmittelkonzerne 85 Prozent der weltweit gehandelten Lebensmittel. Eine gesonderte Tabelle der UNCTAD-Veröffentlichung erfasst die 50 größten internationalen Finanzgiganten. Deren gesamte Vermögenswerte beliefen sich 2012 auf 51.003 Mrd. US-Dollar.

Die großen internationalen Konzerne sind zugleich die *Träger des Kapitalexports* – nach Lenin *das* Kennzeichen der Herr-

67 UNCTAD, 2013, Annex table 28, 30

68 junge Welt 16.11.2012, S. 3

schaft der Monopole. Ihre ausländischen Direktinvestitionen sind entscheidend für die weitere Expansion im Kampf um Einflusssphären, Ressourcen und hohe Profitraten. Der gesamte Bestand an ausländischen Direktinvestitionen privater Unternehmen in der Welt hat sich von 1990 bis 2012 mehr als verzehnfacht und beläuft sich gegenwärtig auf 23.592 Milliarden US-Dollar.[69] *Zu 70 Prozent werden diese Investitionen von den Konzernen aus den großen wirtschaftlichen Machtzentren des Kapitals angelegt.* Wie profitabel der Kapitalexport für die Konzerne ist, geht aus der US-amerikanischen Zahlungsbilanz-Statistik hervor, die neben den Direktinvestitionen auch die daraus entstandenen Gewinntransfers ausweist. So wurden im Zeitraum von 1991 bis 2010 aus den USA 591 Mrd. US-Dollar mehr Direktinvestitionen im Ausland angelegt als ausländische Direktinvestitionen in den USA, aber über 2,5 Billionen US-Dollar mehr an Gewinnen aus dem Ausland in die USA transferiert als aus den USA in andere Länder.[70]

In direktem Zusammenhang mit den ausländischen Investitionen steht die wachsende Zahl der Aufkäufe von Firmen und Beteiligungen an anderen Unternehmen. Allein 2012 gab es auf dem internationalen Markt mehr als 5.400 Beteiligungen und Aufkäufe durch private Unternehmen im Wert von 308 Mrd. US-Dollar, an denen allein die 10 größten Käufe mit einem Wert von fast 85 Mrd. US-Dollar beteiligt waren.[71] Diese Konkurrenzmethode – Zentralisation des Kapitals durch Aufkauf und Beteiligung bei gleichzeitiger Enteignung und Liquidierung des Konkurrenten – hat in den letzten zwei Jahrzehnten für die Herausbildung der riesigen international strukturierten Wirtschaftskomplexe und die neue Rolle der Finanzgiganten einschließlich ihrer kriminellen Machenschaften eine heraus-

69 UNCTAD, 2013, Annex table 2. FDI stock
70 Lüdemann, 2013, Berechnungen nach Survey of Current Business, Washington D.C., lfd.
71 UNCTAD, 2013, Annex Table 17; webtab 11xls

ragende Bedeutung erlangt. Lenin verwies bereits auf diese Methode als er schrieb: »...das Beteiligungssystem dient nicht nur dazu, die Macht der Monopolinhaber ins Riesenhafte zu vermehren, es ermöglicht außerdem allerhand dunkle und schmutzige Geschäfte straflos zu betreiben...«[72]

Als Instrument zur Bildung verzweigter *Netzwerke* spielt die IT-Technik in der heutigen Zeit für die Expansion des Monopolkapitals in neue Anlagesphären mit hohen Profiterwartungen eine wichtige Rolle. Es sind dabei vor allem Bereiche, die Herrschaft über Wissenschaft und Technik und über Ressourcen voraussetzen, die eine hochgradige Vergesellschaftung aufgrund der Komplexität arbeitsteiliger Gebiete aufweisen und eine außerordentliche Kapitalakkumulation erfordern. Diesen Herausforderungen entspricht das Finanzkapital mit der Bildung von netzartigen Strukturen – angefangen von der *Monopolisierung neuer wissenschaftlich-technischer Erkenntnisse, der Integration von universitären Forschungsbereichen in die Konzernforschung bis hin zu Beteiligungen an Unternehmen für die Anwendung und Realisierung ihrer Profitstrategien.* Zugleich aber ist dieses System zu einem Mechanismus der Spekulation eskaliert und hat gerade in den letzten zwei Jahrzehnten einen völlig neuen Stellenwert in den wirtschaftlichen Machtbeziehungen erhalten. »Heute werden Aktien (also Besitzanteile an Unternehmen) vor allem aus spekulativen Gründen gekauft, d.h. um sie so rasch wie möglich wieder teuer zu verkaufen – die Börse als Kasino.«[73]

Die Finanzmarktakteure – Banken, Versicherungen und Börsen – fungieren als Regulatoren bei der Formierung neuer Konzernstrukturen im nationalen und internationalen Rahmen. In erster Linie sind daran die Großbanken beteiligt, die bei den internationalen Zusammenschlüssen als »Fusionsbera-

72 Lenin, 1960, Bd. 22 S. 243
73 Goldberg/Leisewitz, S. 175

ter« auftreten und Milliarden-Transaktionen tätigen. Auch die großen Versicherungskonzerne übernehmen mit der verstärkten Orientierung auf den Versicherungsschutz für die Auslandsexpansion in einer immer instabileren Weltwirtschaftsordnung regulierende Aufgaben beim Ausbau von Machtpositionen. Die Börsen sind mit der Ausrichtung des Wertpapierhandels auf lukrative Kapitalanlagen zur Drehscheibe dieser Finanzmarktentwicklung geworden. Der *Finanzsektor* ist daher nicht nur ein Hebel für die Wirksamkeit des gesamten ökonomischen Potenzials eines Landes und wesentlicher Funktionsmechanismus der staatlichen Regulierung. Er ist darüber hinaus *existenziell* für die Kapitalverwertung und die Expansion der Monopole in neue Anlagesphären. Es geht um die notwendige Kapitalmobilisierung in neuen Dimensionen, um Vermittlung und Steuerung riesiger Kapitalströme auf einem hart umkämpften Weltmarkt und um die Risikoabsicherung immenser Kapitalanlagen zur Erweiterung monopolistischer Wirtschaftsstrukturen in einer zunehmend international geprägten Wirtschaft.

Darüber hinaus hat der Finanzmarkt mit seinen neuen Instrumenten wie Investmentfonds und Derivaten generell die Dominanz in der staatsmonopolistischen Regulierung übernommen. Das Finanzkapital bestimmt die Entwicklungsrichtung, was auch mit der Kategorie »Finanzmarktkapitalismus« als Synonym für den heutigen Kapitalismus verdeutlicht wird. Dies ist in der Tat eine neue Qualität der kapitalistischen Entwicklung gegenüber Hilferdings Zeit, obwohl er es bereits als eine grundlegende Tendenz in der Eigentumsentwicklung charakterisiert hat: »Das Finanzkapital bedeutet seiner Tendenz nach die Herstellung der gesellschaftlichen Kontrolle über die Produktion. Es ist aber Vergesellschaftung in antagonistischer Form; die Herrschaft über die gesellschaftliche Produktion bleibt in den Händen einer Oligarchie.«[74] Lenin sprach weiterführend vom

74 Hilferding, 1947, S. 556

»Übergewicht des Finanzkapitals über alle anderen Formen des Kapitals« und dies bedeutet, so schreibt er, die *Vorherrschaft der Finanzoligarchie*, es bedeutet die *Aussonderung weniger Staaten, die finanzielle »Macht« besitzen* – eine Erkenntnis, die heute an der ökonomischen und politischen Übermacht Deutschlands gegenüber schwächeren EU-Ländern zu studieren ist.

Für die in jüngster Zeit stark gewachsene Rolle des Finanzmarkts bildet die langfristige Akkumulation riesiger Finanzvermögen, die Anhäufung von Finanzmitteln, die ökonomische Grundlage. Dass diese in den letzten dreißig Jahren wesentlich schneller als das gesamte Weltsozialprodukt gewachsen sind, hängt nicht nur mit den verschlechterten Kapitalverwertungsbedingungen in der Realökonomie zusammen, sondern auch mit der in der gleichen Zeit betriebenen neoliberalen Politik der Liberalisierung der Kapitalmärkte. Der Strom an überschüssigen Profiten floss dabei in die rentablen Anlagesphären des Finanzmarkts. Und dies hat dem Mechanismus der Umverteilung, der Kapitalzentralisation und damit der zentralisierten Verfügung über fremdes Kapital zugunsten des Großkapitals einen gewaltigen Schub gegeben. Denn die Milliarden schweren Transaktionen der privaten Großbanken oder Hedge-Fonds, über die in den letzten Jahrzehnten die Großfusionen von Unternehmen im nationalen und internationalen Rahmen realisiert wurden, sind ein entscheidendes Instrument des heutigen monopolistischen Konkurrenzkampfs. Der Finanzmarkt ist daher auf der einen Seite die sogenannte »*kapitalistisch-rationelle Form*« zum Erhalt und zur Erweiterung des heutigen Kapitalismus. Auf der anderen Seite aber ist er zugleich durch seine großen unkontrollierten Finanzgeschäfte und riesigen Finanzspekulationen der gegenwärtig bedeutendste *Destabilisierungsfaktor* in der Welt – wie Finanzkrise, Staatsschuldenkrise und EU-Krise belegen.

Die Monopolgiganten sind nach wie vor auf eine stark gegliederte und sektoral differenzierte Unternehmenslandschaft angewiesen. Als »Rückgrat der Wirtschaft« bilden kleine und mittlere Unternehmen eine unverzichtbare Basis für die monopolistische Konkurrenz. Die ständige Erweiterung monopolistischer Macht schließt das Entstehen neuer Kapitale nicht aus. Im Gegenteil, besonders mit den schnellen wissenschaftlich-technischen Fortschritten erlangen kleine und mittlere Unternehmen für die Volkswirtschaft und auch für die expansiven Strategien der Konzerne wachsende Bedeutung. Deren Situation unter der Dominanz des Großkapitals ist jedoch durch ihre erdrückende Abhängigkeit, eine schlechte Finanzsituation und rigorosen Druck auf Kosten und Preise gekennzeichnet. Das bestimmt letztlich auch ihre Akkumulationsbedingungen.

Für die Europäische Union werden für 2012 über 20 Millionen kleine und mittlere Unternehmen angegeben.[75] Das sind 99,8 Prozent aller nicht-finanziellen Unternehmen. Aber nur eine relativ geringe Anzahl von Großkonzernen verfügt über die volkswirtschaftlich bestimmenden Produktionsbedingungen und Reproduktionszusammenhänge und ist somit in der Lage, die entsprechenden Profitstrategien zu realisieren. Diese Großkonzerne nehmen in industriellen Schlüsselbereichen und im Finanzwesen überragende Positionen ein, bestimmen die Gestaltung der Wirtschaftsstrukturen und setzen so mit ökonomischer und außerökonomischer Gewalt alle anderen Unternehmen und gesellschaftlichen Bereiche unter Druck.

Mehr als je zuvor benötigt das international agierende Monopolkapital in den einzelnen Ländern den Staat, d. h. Garantien für seine Reproduktionsbedingungen, für staatliche Interventionen zur Durchsetzung seiner Strategien im Konkurrenzkampf. Es zeigt sich im Verhältnis von Wirtschaft und Politik als eine neue Qualität, dass die gesamte Bewegungsweise des Kapitalismus durch die enge Verfilzung von Staat und Monopolen bestimmt ist, dass auf Druck des Finanzkapitals politi-

75 European Commission, 2012

sche Entscheidungen der Regierungen beeinflusst, diktiert, ausgehebelt oder auch unwirksam gemacht werden. Immer neue Funktionen und Mechanismen erweitern dabei den Inhalt der ökonomischen Staatstätigkeit. Zwar bestimmt sich die Staatstätigkeit im Konkreten aus dem politischen Kräfteverhältnis der verschiedenen Klassen und Schichten zueinander, der Staat ist aber stets in seiner historischen Spezifik aus den bestehenden realen Kräfteverhältnissen herzuleiten. In der heutigen Zeit, in der das Monopolkapital die Reproduktionsbedingungen weitgehend beherrscht, ist der Staat in seinem Agieren den Großkonzernen unterworfen.

Dieses Machtverhältnis findet seinen Ausdruck im Entstehen neuer Tendenzen in der nationalen und internationalen staatsmonopolistischen Entwicklung und zeigt sich in der Reaktion auf die beginnende »neue Runde« des Kampfes der internationalen Monopole und Staaten um Machtpositionen im Weltgeschehen, um die Neuaufteilung der Welt und um eine »neue Weltordnung«. Auf Basis der heutigen monopolistischen Grundstruktur garantiert der Staat das Funktionieren des Kapitalismus mit Hilfe verschiedener Mechanismen:

- Die klassischen staatlichen Regulierungsmaßnahmen (Subventionen, Steuern u. a.) werden den veränderten Bedingungen angepasst (Stichwort: Ökosteuer als einer Steuerform zur Regulierung des Energieverbrauchs).
- Es werden neue staatliche Institutionen geschaffen, die eine profitable Verwertung des Kapitals garantieren oder in der Krise die Dominanz der Banken sichern sollen (etwa EFSF und ESM auf Ebene der EU als Teile des »Euro-Rettungsschirms«, also der Maßnahmen der EU zur Sicherung der finanziellen Stabilität des Euro-Währungsgebiets).
- Es gewinnen neuartige staatsmonopolistische Mechanismen an Bedeutung – wie das Konzept der Public Private Partnership (PPP), die »Infrastrukturfonds« der Banken, die Rating-Agenturen als »Notengeber der Weltwirtschaft« u. a.

- Auf besonders relevanten Gebieten wie Energie- und Rohstoffwirtschaft, Rüstungsindustrie, der Finanzwirtschaft erfolgt die Bildung staatsmonopolistischer Komplexe wie die Deutsche Rohstoffagentur 2010 (DERA) oder neuartige Kooperationenverbünde zwischen Land und Konzernen zur Energiesicherung.
- Zur Verbesserung der Konkurrenzposition bilden sich neue internationale Mechanismen heraus oder gruppieren sich um, wie der militärisch-industrielle Komplex in der EU zu einem »*politisch-militärisch-industriellen Komplex*« und es kommt zur Gründung neuer Institutionen wie etwa des Europäischen Auswärtigen Dienstes (EAD). In all diesen Organisationen spielen politische Entscheidungsträger eine größere Rolle und machen sie zu einem Instrumentarium der EU-Außen-, Militär- und Entwicklungspolitik.
- Die personelle Verquickung von Staat und Monopolen hat einen neuen Grad erreicht. Viel offener werden Monopolinteressen durch die wachsende Rolle der Lobbyorganisationen und Verbände des Kapitals in Staatspolitik umgesetzt. Der »Personalaustausch« von Führungskräften zwischen Staatsapparat und Konzernen hat eine neue Dimension erreicht.
- Kapitalinteressen werden verstärkt als gesamtgesellschaftliche Interessen ausgegeben und sollen als »Gebot der Vernunft« den Massenkonsens zur Akzeptanz des gegenwärtigen gesellschaftlichen Zustands herstellen.

Bevorzugtes Ziel von Staatsinterventionen ist in der Gegenwart der *Finanzmarkt*. Gerade die Staatsinterventionen haben die Gewichtung dieses Sektors wesentlich befördert. Die umfangreichen Privatisierungen, die Liberalisierung der Kapitalmärkte, die Teilhabe der Banken am staatlichen Geld- und Kreditschöpfungsprozess, vor allem aber die Umverteilung von den Arbeits- zu den Besitzeinkommen und der *gesetzlich betriebene Sozialabbau* begünstigten die Kapitalakkumulation. Sie verschaffen den Finanzmarktakteuren bedeutende Freiräume für ihre weltweite monopolistische Expansion, für ihre riesigen Spekulationsgeschäfte und hohen Renditen. Hinzu kommt, dass in der EU seit Beginn des neuen Jahrhunderts die »*Finanzmarktintegration*« als wirtschaftspolitisches Instrument zur gegenseitigen Öffnung der Finanzmärkte und für freie Kapitalmobilität wirksam ist. Es eröffnete den führenden europäischen Monopolbanken neue lukrative Anlagesphären und ermöglichte ihnen eine nahezu uneingeschränkte Teilnahme am Spekulationsgeschäft. Sie sind daher wesentliche Verursacher der Staatsschuldenkrise der EU-Länder. Gegenwärtig hilft ihnen der Staat bei der Eintreibung der Zinsen und Tilgungsleistungen – sichtbar etwa in Griechenland, Irland, Portugal und Zypern durch die auferlegten Memoranden der EU-Kommission.

Besonders treten die neue Konkurrenzsituation und die neuen Züge staatsmonopolistischer Aktivität in der *Außenwirtschafts- und Außenpolitik* der führenden Länder hervor. So hat vor allem mit der Rohstoff- und Ressourcenproblematik die Abhängigkeit staatlicher Politik von den herrschenden Wirtschaftseliten einen besonders hohen Grad erreicht. Und dieser Bereich der Politik nimmt zunehmend aggressivere, imperialistische Züge an. Der Staat wird in diesem Politikbereich zum direkten Erfüllungsgehilfen bei der Umsetzung von Konzernstrategien des Großkapitals im Kampf um die Neuaufteilung der Welt.

2. Was bzw. wer ist die gegenwärtige Monopolbourgeoisie?

Die heutige globale Ökonomie wird im Wesentlichen von den größten transnationalen Monopolen und den sich ungleichmäßig entwickelnden, miteinander verschränkten Ökonomien weniger kapitalistischer Großmächte und aufsteigender Schwellenländer getragen. Die Gruppe der zwanzig wichtigsten Industrie- und Schwellenländer (G20) erwirtschaftet 90 Prozent des Welt-BIP. Das Gros der laut UNCTAD ca. 85.000 transnationalen Konzerne und Banken kommt aus wenigen Zentren. Zwei Drittel der 500 Größten kamen 2012 allein aus den Mitgliedsländern der Gruppe der sieben wichtigsten Industrieländer (G7). Die USA stellten 132, Japan 68, Deutschland 32, Frankreich 32, Großbritannien 26 und China 73 der 500 Größten. Die Rangfolge eines Landes in der internationalen Staatenhierarchie lässt sich am Anteil seiner transnationalen Konzerne (TNKs) auf der Liste der 500 Größten ablesen.[76]

Auch die Milliardäre der Welt konzentrieren sich in den wirtschaftlich stärksten Ländern. Für ein Weiterbestehen der Verflechtung zwischen Monopolen, großen Staaten und herrschenden Klassen spricht, dass 2012 bei 100 der 500 größten Konzerne Europas Staaten die Ankeraktionäre waren und dass von den 100 Größten 22 einen staatlichen Großaktionär hatten. Die Namen der weltweit größten Konzerne und Banken verweisen auf Adressen, die in der Regel auch vor hundert Jahren schon Monopole waren oder aus solchen hervorgegangen sind. Ihr Aufstieg wurde und wird flankiert durch die Staaten, aus denen sie kommen und deren Ökonomien sie in der Regel prägen.

Die großen Nationalstaaten haben unterschiedliche Varianten der Regulierung hervorgebracht. Je nach ihrer Stellung in der internationalen Arbeitsteilung, ihren spezifischen historischen und kulturellen Traditionen und Klassenverhältnissen haben sie bestimmte, sich unterscheidende »Geschäftsmodelle« geformt, mit denen sich ihre Volkswirtschaften in der globalisierten Weltwirtschaft und auf den Finanzmärkten behaupten. Auch wenn sie in der Standortkonkurrenz gewissen Anpassungszwängen unterliegen, handelt es sich um relativ stabile Kapitalismus- bzw. SMK-Varianten.

---

76 Wenn nicht anders vermerkt, basieren die Zahlenangaben dieses Abschnitts auf eigenen Recherchen und Berechnungen, die online einsehbar sind unter: http://belafix.wordpress.com/tabellen

Trennung von Eigentum und Funktion | Die Entwicklung des Kapitalismus geht mit Änderungen in der Struktur der Kapitalistenklasse einher. Sie resultieren aus der Konkurrenz und dem Klassenhandeln der Bourgeoisie bei der systemimmanenten Bearbeitung kapitalistischer Widersprüche. Wichtige Etappen waren die Trennung von Eigentum und Funktion durch die Entstehung der Aktiengesellschaften, die Differenzierung des Gesamtkapitals in Monopole und nichtmonopolistisches Kapital und die Durchsetzung des SMK, der nach 1945 eine keynesianische und eine neoliberale Phase der Regulierung durchlief.

Die Trennung von Eigentum und Funktion in der Aktiengesellschaft stellte Manager als Leiter der Unternehmen neben die Kapitaleigentümer. Formal sind sie »Angestellte«, real sind ihre Interessen mit denen der Kapitaleigentümer verschmolzen, aufgrund ihrer Stellung in der Produktion, hoher Vergütungen und Aktienoptionen. Unterschiede bleiben aber: Manager werden von den Eigentümern beaufsichtigt und können von ihnen »geheuert und gefeuert« werden, meist mit hohen Abfindungen. Kapitaleigentümer können Reichtum und Macht vererben und »Unternehmerdynastien« begründen.

Die marxistischen Gesellschaftswissenschaftler Heinz Jung und Josef Schleifstein bezeichneten die privaten und staatlichen Manager als »kooptierte und aggregierte Teile« der Monopolbourgeoisie, »die erst in dem Maße einen festen (und erblichen) Platz in ihr erhalten, wie sie in der Lage sind, kapitalistisches Eigentum zu bilden und kraft Eigentumstiteln Verfügung über das Mehrprodukt zu erlangen.«[77]

Das moderne Finanzkapital basiert auf der Konzentration der Produktion, daraus erwachsenden Monopolen und auf der Verschmelzung von Bank- und Industriekapital. Dabei geht es nicht um eine starre Form der Verflechtung. Es geht um gegen-

---

77 Jung/Schleifstein, 1979, S. 70

seitige Abhängigkeit von Konzernen und Banken und um deren eigentumsmäßiges »Verwachsen«, das sich aus dem Finanzierungsbedarf monopolistischer Großproduktion ergibt. Er wird sichtbar bei Großfusionen und -übernahmen, die zur monopolistischen Weltmarktkonkurrenz gehören.

Das moderne Finanzkapital bleibt trotz seiner Loslösung von produktiven Funktionen an die Monopolisierung aus dem Akkumulationsprozess gebunden. Heinz Jung und Josef Schleifstein beschrieben dies mit den Worten: »Es nistet auf der Ebene des Geldkapitals und des aus den Eigentumstiteln entstehenden fiktiven Kapitals. Es verkörpert also die aus den Eigentumstiteln erwachsenden Ansprüche an den Mehrwert. Es verflicht sich mit den Eigentumsverhältnissen des fungierenden Kapitals und errichtet seine Kontrollstationen an den Knotenpunkten des Wirtschaftsprozesses.«[78]

Monopole beherrschen bestimmte Zusammenhänge des gesellschaftlichen Reproduktionsprozesses vor allem über die Finanzkontrolle mittels Beteiligungen. In der Struktur der herrschenden Klasse verlagert dies die Gewichte zu Gunsten des Finanzkapitals. Es wird zum »typischen ›Herrscher‹ der Welt«, weil es »besonders beweglich und elastisch, national wie international besonders verflochten … besonders unpersönlich und von der direkten Produktion losgelöst ist, … sich besonders leicht konzentriert und bereits stark konzentriert hat, so dass buchstäblich einige hundert Milliardäre und Millionäre die Geschicke der ganzen Welt in ihren Händen halten.«[79]

Gruppen der Bourgeoisie | In der Bundesrepublik ist eine klare Strukturdifferenzierung des Gesamtkapitals gegeben: Von insgesamt über 3 Millionen steuerpflichtigen Unternehmen sind 99,7 Prozent kleine und mittlere Unternehmen, die etwa 38

78 Jung / Schleifstein, 1979, S. 142
79 Lenin, 1960, S. 103

Prozent aller Umsätze erbringen. Nur 0,3 Prozent sind Großunternehmen, die aber 62 Prozent der Umsätze erzielen. Diese 0,3 Prozent kann man als Konzerne betrachten, die Monopole sind oder die die Konkurrenz dicht an das Monopol herangeführt hat. Es handelt sich um gut 9.000 Unternehmen.[80]

Die Zentralisation des Kapitals nimmt dabei kontinuierlich zu. Unter den 100 größten Konzernen in Handel und Gewerbe der BRD waren 2008 knapp ein Drittel (32) Töchter inländischer Konzerne, die ebenfalls zu den 100 Größten zählten. 14 hatten ausländische Konzernmütter. 1985 hatte es in dieser Spitzengruppe 17 Inlandstöchter und 18 Filialen ausländischer Konzerne gegeben. Und 1958 gab es 8 inländische und 17 Töchter ausländischer Firmen unter den 100 ersten.

Die Beziehungen zwischen Industrie- und Finanzkonzernen sind eng: Die großen TNKs steigern ihre Profite u. a. auch durch Nutzung von Wechselkursschwankungen, Unterschieden in Steuersystemen und Löhnen, durch Gewinntransfers mittels Intra-Firmenpreisen, durch Devisen- und Rohstoffspekulation. Autokonzerne bieten Kredite, Versicherungen und andere Finanzdienstleistungen an. Dazu braucht jeder Konzern seinen eigenen Finanzüberbau und zugleich die Kooperation mit den international tätigen Großbanken. Entsprechend trat 2012 der Industrieverband BDI gegen eine allzu rigide Regulierung der Banken mit dem Argument auf, die deutsche Industrie brauche nicht nur »einheitliche Kasseninstitute um die Ecke, sondern auch starke Banken, die das internationale Geschäft der Unternehmen bedienen« könnten.[81]

Die Monopolbourgeoisie der Bundesrepublik setzt sich nach 1945 aus drei großen Gruppen zusammen: Kapitalistenclans (»Unternehmerdynastien«), privaten Spitzenmanagern und staatlichen Spitzenmanagern. Die Eigentums- und Kontrollver-

---

80 Vgl. Institut für Mittelstandsforschung (IfM) Bonn, www.ifm-bonn.org
81 Handelsblatt online 3.11.2012

hältnisse innerhalb der Unternehmen variieren. Die Soziologin Helge Pross definierte in einer Studie 1965 Kontrolle als »die Macht, das Management ein- oder abzusetzen.«[82] Diese Macht wird in Konzernen meist von Großaktionären ausgeübt, gegebenenfalls in Abstimmung mit Gläubigerbanken und/oder anderen Haltern von Stimmrechten. Fehlen Großeigentümer, wie bei Gesellschaften, die überwiegend in Streubesitz sind, kommt es zur Managerkontrolle. Dabei kontrollieren sich Spitzen von Unternehmen, Vertreter von Versicherungen und Fonds, Geschäftspartner und Beauftragte von Gläubigerbanken gegenseitig.

Oligarchisierung der Konzernkontrolle | Zur Zusammensetzung der Führungsgruppen managerkontrollierter Unternehmen schrieb ein ständiger Besucher von Aktionärstreffen: »In jeder Hauptversammlung trifft man auf die gleichen Gesichter, von denen man weiß, dass sie sich gegenseitig zu Amt und Würden verhelfen.«[83] Streubesitz ist nicht »Aktionärsdemokratie«, sondern hat die Oligarchisierung von Konzernkontrolle zur Folge. Faktoren, die dies bewirken, sind

die Passivität und Unkoordiniertheit der Kleinaktionäre, die die Führung der Firma »Experten« überlassen. Dies ermöglicht es Banken und anderen Sammelstellen, Stimmrechte in ihren Händen zu bündeln. Zugleich ist die Präsenz von Stimmberechtigten auf den Hauptversammlungen umso geringer, je größer die Streuung des Aktienbesitzes ist. Für die Mehrheit genügen 51 % der anwesenden Stimmrechte. Da die Unternehmensleitungen sich im Vorfeld mit größeren Stimmrechtehaltern konsultieren, werden ihre Vorschläge meist mit 90-prozentigen Mehrheiten abgesegnet.

82 Pross, 1965, S. 18
83 Kurt Fiebig zitiert nach Wikipedia, Stichwort Deutsche Bank, abgerufen 25.5.2014

Je nach dem Zersplitterungsgrad der Anteile, treten Eigentum und Kontrolle in unterschiedlichem Maß auseinander und bewirken verschiedene Typen von Kontrolle, die oft in Mischformen existieren. So unterscheidet Pross zwischen Managerkontrolle und »bedingter Managerkontrolle«. Letztere liegt vor, wenn ein großer Minderheitsaktionär über eine Vetomacht verfügt, die das Management zwingt, wichtige Entscheidungen zu konsultieren. Eine andere Mischform ist die »Kontrolle durch mehrere Minderheiten«, worunter Pross u.a. die großen Genossenschaften erfasst.

In ihrer Untersuchung der 100 größten Konzerne des Jahres 1958 kommt Pross zu dem Fazit: »Nicht die Vorherrschaft oder gar Alleinherrschaft von Privateigentümern, von Privatmanagern oder von Beauftragten der öffentlichen Verwaltung, sondern das *Nebeneinander dieser drei* ist das für die gegenwärtigen Kontrollverhältnisse repräsentative Phänomen.«[84]

Von der »inneren Gliederung der Bourgeoisie« in »fungierende Eigentümerkapitalisten, Manager und Kapitalisten im Staatsapparat« geht in den 1970er Jahren auch die Klassenanalyse des IMSF aus. Sie betont zugleich, dass die »für den heutigen monopolistischen Kapitalismus wesentliche innere Gliederung der Bourgeoisie … die zwischen monopolistischer … und nichtmonopolistischer Bourgeoise« ist.[85] Das Verhältnis beider zueinander hat Jung charakterisiert:

»Wie das Kapital die Grundlage des Monopol- und Finanzkapitals, so ist die Bourgeoisie die soziale Rekrutierungsbasis der Schicht der Monopolkapitalisten und der herrschenden Gruppe der Finanzoligarchie. Wie das Monopolkapital die Herrschaft über das Gesamtkapital antritt, seine Interessen durchsetzt und den nichtmonopolistischen Kapitalen Funktion und Einfluss zuweist, so erlangt die Schicht der Monopolbourgeoisie bzw.

84 Pross, 1965, S. 115
85 Leisewitz, 1977, S. 139 ff.

die Gruppe der Finanzoligarchie die Herrschaft über die Gesamtbourgeoisie.«[86]

Die Zentralisierung des Kapitals zugunsten der größten Konzerne nahm nach 1945 kontinuierlich zu. Zugleich kam es zu einer deutlichen Verschiebung zwischen den drei Gruppen der Bourgeoisie. Diese Verschiebung legt es nahe, von zwei Phasen zu sprechen, die mit entsprechenden Phasen der Regulierung des SMK korrespondieren:

In der *Phase 1945–1975*, der Zeit der Systemkonkurrenz oder des »Fordismus«, wuchs die Rolle des Staates bei der Regulierung ökonomischer Prozesse. Der SMK setzte sich auf breiter Front durch. Die Staatsquote erreichte ein Vielfaches des Werts des Jahrhundertbeginns. Entsprechend wuchs in der Aktionärsstruktur, bei den Eigentümern und fungierenden Kapitalisten bis in die 1980er Jahre der Einfluss staatlicher und privater Manager, während die Unternehmerdynastien vor allem in und mit der Schwerindustrie auszusterben schienen. Erkennbar ist eine Verschiebung zu »mehr Staat und weniger privat«.[87]

Verschiebung zugunsten der Milliardärsclans | In *Phase 2*, den 30 Jahren Neoliberalismus, gab es dagegen eine Verschiebung zu »mehr privat und weniger Staat«. Der Umsatzanteil clankontrollierter Unternehmen unter den 100 größten Konzernen in Handel und Gewerbe verdoppelte sich bis 2007 im Vergleich zu 1985 von 17 auf 36 Prozent. Er stieg sogar gegenüber 1958 (22%) stark an. Dagegen sank der Staatsanteil etwa auf das Niveau von 1958, nämlich auf 14 Prozent gegenüber 23 Prozent im Jahr 1985. Der Umsatzanteil von Konzernen in Streubesitz und unter Managerkontrolle unterlag hingegen nur kleineren Schwankungen von 27 (1958) über 31 (1985) auf 22 Prozent im Jahr 2007.

86 Jung, 1973, S. 128
87 Vgl. IPW-Forschungshefte 4-1988, S. 99 ff.

Der Anteil ausländisch kontrollierter Unternehmen an den Umsätzen der 100 Größten blieb in beiden Phasen nahezu konstant unter 20 Prozent. Die 14 Töchter ausländischer Muttergesellschaften, die 2007 zusammen gut 18 Prozent der Umsätze tätigten, kamen aus den USA, Großbritannien, den Niederlanden, Frankreich, Schweden und der Schweiz. Die Monopolkommission gab den Umsatzanteil ausländischer Unternehmen am Gesamtumsatz aller Unternehmen in Deutschland (inklusive Finanzkonzerne) mit 19 Prozent an.[88] Eine andere Analyse der Anteile bei 947.603 Unternehmen, d.h. bei fast allen Kapitalgesellschaften, ergab für 2008, dass die 35.422 auslandskontrollierten Unternehmen einen Anteil von gut 20 Prozent an Umsatz und Bilanzsumme und von 13 Prozent an den Beschäftigten hielten.[89]

Mit dem Wiedererstarken großer Privateigentümer in den Konzernen korreliert die Explosion des Reichtums an der Spitze der Gesellschaft: Mindestens ein Prozent der Deutschen, d.h. über 800.000 Menschen, sind Millionäre.[90] 2008 waren unter ihnen 122, 2013 sogar 132 Milliardäre. Über die Vermögensquellen schreibt der Soziologe Christian Rickens: »Lediglich knapp 8% nannten abhängige Erwerbstätigkeit als wichtigste Quelle ihres Reichtums. Der angestellte Topmanager, Chefarzt oder Investmentbanker bildet also unter Deutschlands Millionären eher die Ausnahme.« Laut Rickens haben von den 100 reichsten Deutschen, die das *manager magazin* jährlich auflistet, 34 ihren Reichtum durch die Gründung eines eigenen Unternehmens verdient. »Die übrigen zwei Drittel sind vor allem deshalb so reich, weil sie ein Familienunternehmen oder Anteile daran geerbt haben.«[91]

Berühmte Erben sind Porsche/Piëch, Quandt, Oetker oder Henkel. Zu den bekannten Aufsteigern gehören Götz Werner,

88 Monopolkommission, 2008, S. 97
89 Simmler/Rudelle, 2013, S. 13ff.
90 Vermögensmillionäre
91 Rickens, 2013, S. 56, 131

die ALDI-Brüder und die SAP-Gründer. Eigene Recherchen für das Jahr 2008 ergaben, dass 82 der 122 Milliardäre dieses Jahres ihr Vermögen als Großaktionäre oder Mehrheitseigner mindestens eines der 500 größten Konzerne der BRD bezogen, 15 weitere aus kleineren Konzernen, 8 aus Großeigentum an ausländischen Konzernen, 7 aus Abfindungen oder Unternehmensverkäufen mit anschließender Finanzanlage. Die Milliardärs- und Millionärsclans halten ihre Aktienpakete mittels Beteiligungsgesellschaften, Stiftungen und Erbengemeinschaften.

Gibt es große private Mehrheitsaktionäre, wie bei VW, BMW, Beiersdorf oder Merck, teilen sich die Spitzenmanager die Macht mit den Vertretern der Milliardärsclans. Bei überwiegendem Streubesitz, wie bei Daimler, Siemens, Deutsche Bank, Allianz, sind Manager unter sich. Wechselseitige Personalunion in den Aufsichtsräten ist bei managerkontrollierten Unternehmen ebenso normal wie bei Konzernen unter Clankontrolle bzw. unter Kontrolle der Hochfinanz. Allein der Aufsichtsratschef der Deutschen Bank und Ex-Vorstand der Allianz Paul Achleitner saß 2013 zusammen mit seiner Frau Ann-Kristin Achleitner in den Aufsichtsräten von sieben der 30 DAX-Konzerne.

Im Aufsichtsrat (AR) von BMW saßen 2013 – neben Vertretern der Eigentümerfamilie Quandt – Wolfgang Mayrhuber (AR-Vorsitzender der Lufthansa-AG), Henning Kagermann (Mitbegründer von SAP, AR-Mitglied u. a. bei Deutsche Bank, Deutsche Post, MunichRe, Nokia), Franz M. Haniel (AR-Vorsitz der Haniel & Cie. GmbH, AR-Mitglied der Metro AG), Karl-Ludwig Kley (Vorstandsvorsitzender der Merck KGaA, AR-Mitglied der Bertelsmann AG, Präsident des Verbands der chemischen Industrie). Ähnliche Verflechtungen sind bei jedem anderen Konzern zu finden.

Kontrolle durch ausländische Finanzinvestoren? | Die Mehrzahl der Großkonzerne wird durch Muttergesellschaften kontrolliert, mit denen es meist einen Beherrschungs- und Gewinnabführungsvertrag gibt. In managerkontrollierten Konzernen sind arabische Staatsfonds und russische Oligarchen als »Ankeraktionäre« erwünscht, um vor feindlichen Übernahmen zu schützen. Das setzt voraus, dass sie sich in die deutsche Finanzoligarchie einbinden lassen und nicht selbst die Kontrolle anstreben.

Autoren wie Werner Rügemer sehen eine Machtverschiebung in Konzernen zugunsten von Finanzinvestoren, Pensionsfonds und Vermögensverwaltern aus dem angelsächsischen Raum.[92] In der BRD vervielfachte sich tatsächlich die Zahl der Publikums- und Spezialfonds von Banken, Versicherungen und Investmentgesellschaften. Sie sind aber oft keine strategischen Investoren, sondern kaufen nur, um relativ bald wieder mit Gewinn zu verkaufen. Die Aktienpakete der Publikumsfonds liegen meist unterhalb der Meldeschwellen. Größter US-Investor bei DAX-Konzernen ist Blackrock, der jeweils meldepflichtige Anteile um 5 % hält. Daraus ergibt sich Einfluss, aber keine Kontrollmacht. Blackrock ist erklärtermaßen kein strategischer Investor.

Beteiligungen und Verflechtungen sind daher nicht identisch mit Kontrolle. Ob sie Kontrolle ermöglichen oder nicht, hängt immer vom Gesamtbild der Aktionärsstruktur ab: von Größe, Zahl und Typus der anderen Aktionäre, von Stimmrechtsregelungen und der Präsenz auf Hauptversammlungen. Ab 10 Prozent Beteiligung unterliegen Großaktionäre gesetzlichen Mitteilungs- und Auskunftspflichten über ihre Absichten. So hat Warren Buffet gegenüber MunichRe einen Verzicht auf strategische Ziele und Einflussnahme bei der Besetzung von Leitungsorganen erklärt. Bei sogenannten »sicherheitsrelevanten« Unternehmen muss der Staat den Erwerb größerer ausländischer Beteiligungen genehmigen. Bei der Lufthansa dürfen ausländische Investoren zusammen nur weniger als 50 Prozent halten.

92 Rügemer, 2013, S. 170 f.

Das größte Druckpotenzial von Finanzinvestoren ohne Mehrheit ist ihre Exit-Option, d.h. der Ausstieg bei unbefriedigender Rendite. Dieser Druck auf die Profitabilität ist unter dem neoliberalen Regime gewollt. Von ihm profitieren kontrollierende Großaktionäre ebenso wie spekulierende Banken. Mit ihm wird aus den Belegschaften höherer Mehrwert gepresst. Der entfesselte Finanzmarkt als Regulierungsmechanismus ist jedoch nicht zu verwechseln mit der Kontrolle und Beherrschung der einzelnen Unternehmensgruppen.

Monopolmacht bedeutet zwar Beherrschung bestimmter gesellschaftlicher Reproduktionszusammenhänge aber keinesfalls die Aufhebung der Spontaneität und Anarchie des Weltmarkts. Der Widerspruch zwischen der Planung im einzelnen Unternehmen und der Anarchie des Markts wirkt weiterhin und umso mehr, je größer die Volumina sind, die auf dem Spiel stehen. Dieser Widerspruch lässt sich im Kapitalismus nicht aufheben. Auch der reichste und mächtigste Konzern oder Fonds ist nicht in der Lage, den Weltmarkt planmäßig zu steuern. Das birgt einerseits große Destabilisierungspotenziale, andererseits sollte es Verschwörungstheorien den Boden entziehen.

Mit dem Staat verflochten, vernetzt und »politisch verdrahtet«

Vom Staat beauftragte Manager sind heute bei Bahn und Post, bei Staatsbanken wie der Kreditanstalt für Wiederaufbau (KfW), im schrumpfenden Sektor der Landesbanken sowie im Sparkassensektor zu finden. Im früher staatlichen Energiesektor, der in den 1970er und 80er Jahren privatisiert wurde, kam es in jüngster Zeit zu teilweisen Rekommunalisierungen. Die Krise erzwang Verstaatlichungen bei Banken und die Bildung von »Rettungsfonds«, wie den Unternehmensrettungsfonds, den Bankenfonds SoFFin und die Beteiligung am Europäischen Stabilitätsmechanismus (ESM).

Staatsmonopolistische Regulierung erfolgt hauptsächlich über staatliche Umverteilungspolitik, Notenbanken, Aufsichts-

und Wettbewerbsbehörden, über Förderprogramme, Steuerpolitik und Subventionen. Folglich gehören zur staatlichen Fraktion der Bourgeoisie neben vom Staat beauftragten Managern von Staatsbetrieben auch die von der Regierung eingesetzten Spitzen von Regulierungsinstitutionen wie Bundesbank, Bundesanstalt für Finanzdienstleistungsaufsicht (BAFin), Bankenrettungsfonds (SoFFin), Bundeskartellamt sowie der Gremien der internationalen Regulierung wie Europäische Zentralbank (EZB), EU-Kommission, Europäischer Stabilitätsmechanismus (ESM), Internationaler Währungsfonds (IWF), Organisation für wirtschaftliche Zusammenarbeit und Entwicklung (OECD) oder Bank für internationalen Zahlungsausgleich (BIZ).

Die Bestückung der internationalen Regulierungsgremien erfolgt, wie der Soziologe Michael Hartmann gezeigt hat, nach wie vor entlang nationaler Karriereleitern. Oft sind sie aus Regierungen oder den nationalen Regulierungsgremien rekrutiert. Das spricht gegen die Annahme, in diesen Gremien bilde sich eine »transnationale Bourgeoisie« heraus. Die dorthin Aufgestiegenen fühlen sich vielmehr den Netzwerken ihrer Herkunftsländer verpflichtet, denen sie ihre Karriere verdanken.[93] Nicht viel anders verhält es sich mit der von manchen vermuteten »transnationalen Managerklasse«. Auf der einen Seite wirkt die Tendenz zur Internationalisierung, sind Auslandserfahrungen für die Karriere förderlich. Andererseits ist auch der »Stallgeruch« eine Tugend, um für Großeigentümer vertrauenswürdig zu sein.

Die ökonomische und politische Herrschaft von Monopolbourgeoisie und Finanzoligarchie setzt sich über ein dichtes Geflecht von offiziellen und inoffiziellen Konsultations- und Entscheidungsgremien um. Parteien, Wirtschaftsverbände, zweckgebundene gemeinsame Ausschüsse, Stiftungen, For-

---

93 Hartmann, 2007, S. 197 ff.

schungsinstitute, die gemeinsame Beraterbranche, gemeinsame Schirmherrschaften und Ehrenämter in Kultur und Sport, Personalunion und Karrieredrehtüren sorgen für das häufige Zusammensein des immer gleichen Personenkreises. Die Spitzen der großen Unternehmerverbände Bundesverband der deutschen Industrie (BDI), Bundesvereinigung der deutschen Arbeitgeberverbände (BDA), Deutscher Industrie und Handelskammertag (DIHK) und Bundesverband Großhandel, Außenhandel, Dienstleistungen (BGA) sind durchweg mit Monopolvertretern besetzt. Auf deren jährlichen Verbandstagen erläutert die Bundeskanzlerin regelmäßig ihre politischen Vorhaben.

Daneben gibt es viele Orte der Konsultation und Kooperation bis hin zur Erarbeitung von Gesetzesvorlagen durch Unternehmerverbände. Eine wichtige Rolle spielt seit Jahrzehnten der Wirtschaftsrat der CDU/CSU, dem allein mehr als 10.000 Unternehmer angehören und dessen »Wirtschaftstag« das Handelsblatt als »Jahreshauptversammlung der deutschen Wirtschaft« bezeichnet. Zentrale Netzwerke und Think Tanks wie die Deutsche Gesellschaft für Auswärtige Politik (DGAP) oder die Stiftung Wissenschaft und Politik (SWP) inspirieren Meinungsbildung und strategischen Diskurs der Bourgeoisie.

Die DGAP assistiert »bei der wissenschaftlichen Vorbereitung, der kritisch-konstruktiven Begleitung und der auch öffentlichen Erläuterung der deutschen Außenpolitik«. Der Vorsitzende Arend Oetker ist auch stellvertretender Vorsitzender der Fritz Thyssen Stiftung. Konzerne sind an der Förderung von Projekten beteiligt.[94] Die SWP führt wissenschaftliche Untersuchungen zur internationalen Politik durch »mit dem Ziel der Politikberatung«. Einst durch den Bundesnachrichtendienst (BND) gegründet, hat die SWP zu Geheimdienst und Bundeswehr enge Kontakte.[95] Ihr Präsident Hans-Peter Keitel war bis

94 Kronauer, 2013
95 Kronauer, 2012

2013 BDI-Chef. Dem Stiftungsrat gehörten 2014 an: der Leiter des Planungsstabs im Auswärtigen Amt, Staatssekretäre der Ministerien für Verteidigung, Entwicklung, Inneres und Bildung, Vertreter der Deutschen Bank und der Otto GmbH.[96]

Weitere Gremien, etwa der interministerielle Ausschuss Rohstoffe oder das Dialogforum Finanzstandort Deutschland, kommen hinzu. Die direkte Kooperation von Banken und Regierung während der 2007 einsetzenden Krise ist bekannt. Ebenso der Einfluss des Springerkonzerns oder der Bertelsmann-Gruppe auf Meinungs- und politische Willensbildung. Auf ein rein instrumentelles Verhältnis der Monopole zum Staat darf dennoch nicht geschlossen werden. Dieses kommt zwar vor. Generell muss die staatsmonopolistische Politik aber bestrebt sein, widerstreitende Interessen einzubinden. Weder gibt es in allen Fragen ein einheitliches Interesse des Monopolkapitals, noch ein einheitliches Interesse aller nichtmonopolistischen Klassen und Schichten.

Den Monopolen und ihren Parteien muss in wechselnden Situationen eine Massenbasis erhalten werden. Zwang und Konformitätsdruck gehören dazu, reichen aber nicht. Nötig ist politische, ideologische und kulturelle Hegemonie. Dazu gehören materielle Zugeständnisse. So ist die eingespielte »*Sozialpartnerschaft*« ein wichtiger Wettbewerbsvorteil des SMK der Bundesrepublik. Konnte man sie in der ersten Phase 1945–75 noch als *Klassenkompromiss* auf der Basis eines Kräfteverhältnisses sehen, das der Arbeiterklasse die Durchsetzung von sozialen und Mitbestimmungsrechten ermöglichte, so entwickelte sie sich im Zuge des neoliberalen Umbaus vor allem in den Exportindustrien zum *Wettbewerbskorporatismus*, der die Interessen der Beschäftigten der Konkurrenzfähigkeit der »eigenen« Konzerne unterordnet.[97]

96 Aus: www.swp-berlin.org/de/ueber-uns.html
97 Deppe 2013, S. 100

Diese *Kräfteverschiebung* folgte auf Strukturveränderungen, die den industriellen Kern der Arbeiterklasse verkleinert und sie in einst kämpferischen Sektoren wie Stahl und Bergbau dezimiert hatten. Hinzu kam die Spaltung in Stammbelegschaften, Prekarisierte und Erwerbslose. Politisch besiegelt wurde die Niederlage mit dem Übergang von SPD und Grünen zum Neoliberalismus und mit dem Unvermögen der Gewerkschaften, die Agenda 2010 durch Mobilisierung ihrer Mitglieder zu verhindern.

3.
Fortdauer der Konkurrenz imperialistischer Staaten oder Ultraimperialismus?

Der Streit um den Ultraimperialismus | Am Vorabend des Ersten Weltkriegs kommt es in der internationalen Arbeiterbewegung zu einem erbitterten Streit über den Charakter des Imperialismus. Im Zentrum steht die Frage, ob es ab einer bestimmten Stufe der Entwicklung des Kapitalismus zur Herausbildung eines »Ultraimperialismus«, d.h. zu einer dauerhaften und stabilen Zusammenarbeit imperialistischer Staaten, kommt, oder ob ihr Gegensatz unversöhnlich bleibt. Es stehen sich dabei Karl Kautsky und Wladimir Iljitsch Lenin gegenüber. »Vom rein ökonomischen Standpunkt«, so Kautsky, »ist es nicht ausgeschlossen, dass der Kapitalismus noch eine neue Phase erlebt, die Übertragung der Kartellpolitik auf die äußere Politik, eine Phase des Ultraimperialismus, d.h. des Überimperialismus, der Vereinigung der Imperialismen der ganzen Welt, nicht aber ihres Kampfes, eine Phase der Aufhebung der Kriege unter dem Kapitalismus, eine Phase der gemeinsamen Ausbeutung der Welt durch das international verbündete Finanzkapital«.[98] Dabei griff er einen Gedanken des englischen liberalen

98 Kautsky, 1915, S. 144

Imperialismuskritikers John Hobson auf, der bereits 1902 über einen »Inter-Imperialismus« geschrieben hatte.

Lenin widersprach entschieden: »Ist ein ›Ultraimperialismus‹ vom ›rein ökonomischen Standpunkt‹ möglich, oder ist das ein Ultra-Unsinn? Versteht man unter dem rein ökonomischen Standpunkt eine ›reine‹ Abstraktion, so läuft alles, was sich dazu sagen lässt, auf die These hinaus: Die Entwicklung bewegt sich in der Richtung zu Monopolen, also zu einem einzigen Weltmonopol, einem einzigen Welttrust. Das ist unzweifelhaft, aber ebenso nichtssagend wie etwa der Hinweis, dass ›die Entwicklung sich in der Richtung‹ zur Herstellung von Nahrungsmitteln im Laboratorium ›bewegt‹. In diesem Sinne ist die ›Theorie‹ des Ultraimperialismus ebensolcher Unsinn, wie es eine ›Theorie der Ultralandwirtschaft‹ wäre. (…) Kautskys leeres Gerede von einem Ultraimperialismus nährt unter anderem den grundfalschen Gedanken, der Wasser auf die Mühlen der Apologeten des Imperialismus leitet, dass die Herrschaft des Finanzkapitals die Ungleichmäßigkeiten und die Widersprüche innerhalb der Weltwirtschaft *abschwäche*, während sie in Wirklichkeit diese *verstärkt*.«[99]

Kriege und Bündnisse unter imperialistischen Staaten | Der Erste Weltkrieg, als Machtkampf auf Leben und Tod, widerlegte eindrucksvoll die These Kautskys vom Anbruch einer Epoche des Ultraimperialismus. Bestätigt wurde vielmehr Lenins Position, wonach der Krieg Ergebnis innerimperialistischer Widersprüche war. Und doch lebte die Vorstellung von einem Ultraimperialismus am Ende des Ersten Weltkriegs wieder auf. In der vom US-amerikanischen Präsidenten Woodrow Wilson proklamierten neuen Weltordnung schien sie sich zu verwirklichen. Es wurde der Völkerbund gegründet, dem die Vereinigten Staaten dann selbst aber nicht beitraten. Von den

99 Lenin, 1960, S. 276

deutschen Sozialdemokraten wurde diese neue, vorderhand auf Menschenrechte und internationales Recht gründende Weltordnung enthusiastisch begrüßt.

In den zwanziger Jahren keimte auf dem europäischen Kontinent die Hoffnung auf, dass sein friedlicher Zusammenschluss möglich sei. 1925 bekannte sich die SPD in ihrem Heidelberger Programm zum vereinten Europa. Bereits 1923 war die Paneuropa-Union gegründet worden, die als ideologischer Vorläufer der heutigen Europäischen Union gilt. Im Gegensatz zu chauvinistischen Kräften, die Korrekturen an den im Ergebnis des Ersten Weltkriegs gezogenen Grenzen forderten, setzte die Paneuropa-Union auf die Anerkennung des Status quo. Sie forderte wirtschaftliche Zusammenarbeit und gemeinsame Interessenspolitik gegenüber den USA, der Sowjetunion und dem britischen Weltreich. Dieser erste Versuch der Etablierung einer europäischen Staatenordnung mit dem Ziel der Überwindung imperialistischer Gegensätze auf dem Kontinent scheiterte jedoch mit dem Aufstieg des Faschismus, erst in Italien und dann in Deutschland. Die deutschen Faschisten verfolgten ihre Politik der »Neuordnung Europas« mittels Krieg, Besatzung und Annexion.

Zu einem erneuten Anlauf zur Überwindung der innerimperialistischen Gegensätze kam es am Ende des Zweiten Weltkriegs. In den Vereinten Nationen (UN), der Bank für Wiederaufbau und Entwicklung (Weltbank) sowie im Weltwährungsfonds (IWF) zur Neuregelung des internationalen Zahlungsausgleichs sah man *die* Instrumente, um einen »ewigen Frieden« garantieren zu können. Die Aussichten auf das Gelingen waren jetzt ungleich größer, denn anders als in den 1920er Jahren bekannten sich die aus dem Zweiten Weltkrieg als dominante Kraft hervorgegangenen Vereinigten Staaten nun selbstbewusst zu ihrer Rolle als globale Hegemonialmacht.

Entscheidend für die Durchsetzung dieser Hegemonie war, dass die USA nun die Führung des Westens bei der Eindämmung und Zurückdrängung antiimperialistischer Kräfte übernahmen. Aus der Niederlage des Deutschen Reichs und Japans waren diese Kräfte weltweit gestärkt hervorgegangen. Die Sowjetunion konnte ihren Einflussbereich bis nach Mitteleuropa ausdehnen. In China gelangte die Kommunistische Partei an die Macht. Auch in Jugoslawien und in Korea siegten nationale Befreiungsbewegungen unter kommunistischen Führungen. Gleichzeitig erlebten antikoloniale Bewegungen einen Aufschwung, etwa auf dem indischen Subkontinent. Um weitere Rückschläge für den Westen zu verhindern und um verloren gegangenes Terrain zurückzuerobern, sahen sich die führenden imperialistischen Mächte daher gezwungen, ihre Konkurrenz untereinander einzuschränken und vor allem auf deren militärische Austragung zu verzichten.

Ausdruck dieses Willens zur Zusammenarbeit unter Führung der USA waren die Gründung der Nordatlantikpakt Organisation (NATO), des Südostasienpakts (SEATO) und der Organisation Amerikanischer Staaten (OAS). Diese vertraglich fixierten Bündnisse stellten eine neue Qualität in der Zusammenarbeit dar. Zugleich folgte man dabei historischen Vorbildern. So kämpften bereits 1900 Truppen aus nicht weniger als acht imperialistischen Ländern gegen den als Boxer-Aufstand bekannt gewordenen antikolonialen Aufruhr in China. Es sollten allerdings nur wenige Jahre vergehen, da fielen die eben noch vor Peking verbündeten Mächte im Ersten Weltkrieg übereinander her. Direkt nach seinem Ende verbündete man sich jedoch erneut, um den Kampf gegen den Antiimperialismus wieder aufzunehmen. Nun sollte im Interventionskrieg die junge Sowjetunion vernichtet werden. Dabei zeigte sich erneut, dass die imperialistischen Mächte in geschichtlichen Situationen, in denen ihr Streben nach Beherrschung der Welt generell gefährdet ist, zu einer gewissen Kooperation und Zurückstellung konkurrierender Interessen bereit und fähig sind.

Doch selbst in Phasen enger Zusammenarbeit verschwinden nicht die innerimperialistischen Interessensgegensätze. Dies zeigte sich etwa 1956 in der Suezkrise, als die USA, in Absprache übrigens mit der UdSSR, Großbritannien, Frankreich und Israel zwangen, ihre Truppen aus Ägypten zurückzuziehen.[100] Von einem »Ultraimperialismus« konnte daher nicht einmal in den Hochzeiten des Kalten Krieges gesprochen werden.

Die Europäische Union als Staatenbündnis | Die zu Beginn der 1950er Jahre begonnene europäische Integration war Bestandteil der westlichen Roll-back Strategien gegen den Sozialismus. Vor allem deshalb wurde sie von den USA unterstützt. Sie nutzten dabei ihre Vormachtstellung in Deutschland, um diesen Prozess zu fördern.[101]

Die Europäische Union wird heute als das fortgeschrittenste Regulationssystem unter kapitalistischen Staaten angesehen. Und in der Tat ist der von der EU erreichte Integrationsgrad bemerkenswert. Er ist nicht mit dem anderer ökonomischer Staatenbündnisse vergleichbar, sei es das North American Free Trade Agreement (NAFTA), die Association of Southeast Asian Nations (ASEAN) oder die Asia-Pacific Economic Cooperation (APEC). Anders als diese losen Zusammenschlüsse gründet sich die EU vielmehr auf ein umfangreiches Vertragssystem und auf feste Institutionen. Der in über 50 Jahren angewachsene Bestand gemeinsamer Rechtsakte, der Acquis communautaire, umfasst neben den Verträgen tausende Richtlinien, Verordnungen und Protokolle. Die EU verfügt über einen eigenen Haushalt, sie hat einen Gerichtshof, einen Rechnungshof, eine

---

100 Canfora, 1956, S. 102

101 Über die Rolle der USA am Beginn der europäischen Integration schreibt Werner Abelshauser: »In Deutschland bestimmten sie dagegen selbst das Gesetz des Handelns und konnten Westdeutschland als Hebel zur Neuordnung des Welthandelssystems einsetzen«. Abelshauser, 2011, S. 219

Zentralbank und eine gemeinsame Währung, die inzwischen in 18 ihrer 28 Mitgliedsländer Zahlungsmittel ist. Es existiert zudem ein Europäisches Parlament, welches allerdings aufgrund fehlender eigener Rechte kein echtes Parlament ist. Durch umfangreiche Kompetenzübertragungen auf die europäische Ebene kommt der nationalen Gesetzgebung oft nur noch die Aufgabe zu, dort getroffene Entscheidungen umzusetzen. Im Zuge der Integration haben sich die Rechtsschutzsysteme der Mitgliedsländer verändert. Das Prinzip der unmittelbaren Wirkung des EU-Rechts verpflichtet die nationalen Gerichte, europäische Rechtsnormen anzuwenden.

Da aber die Europäische Union ein Zusammenschluss kapitalistischer bzw. imperialistischer Staaten ist, sind ihrer Entwicklung Grenzen gesetzt. So ist der Kernbereich nationaler Souveränität, die Außen- und Sicherheitspolitik, den Mitgliedsländern weitgehend erhalten geblieben. Auch in der Innen- und Rechtspolitik, in der Steuer- sowie in der Finanz- und Haushaltspolitik konnten sie sich weitgehend behaupten. Überall hier stößt die Integration an Grenzen, da die Mitgliedsländer aufgrund der zwischen ihnen weiter bestehenden Konkurrenz auf diese zentralen Bereiche der Eigenstaatlichkeit nicht verzichten können. Im Unterschied zum Zeitalter der Herausbildung der modernen europäischen Nationen im 18. und 19. Jahrhundert entsteht mit der EU kein neuer Staat. Wir sind daher nicht, wie es folgende Buchtitel suggerieren, »auf dem Weg zur Supermacht«[102] bzw. zur »Welt-Macht Europa«[103]. Es gibt keinen »Eurokapitalismus«[104] oder »eine Tendenz zum Euroimperialismus«[105], wie oft behauptet wird, denn es fehlt an der entscheidenden Grundlage für eine solch neue Staatlichkeit, an einer übergreifenden transnationalen europäischen kapitalisti-

102 Oberansmayr, 2004
103 Pflüger/Wagner, 2006
104 Beckmann/Bieling/Deppe, 2003, S. 9
105 Karras/Schmidt, 2004, S. 51

schen Klasse.[106] Die Europäische Union stellt vielmehr eine entwickelte Form der Kooperation von Staaten dar.

Die Union ist zugleich Austragungsort der Konkurrenzkämpfe ihrer Mitgliedsstaaten. Ihre Geschichte ist vor allem eine solche des Ringens zwischen Deutschland und Frankreich um den entscheidenden Einfluss, wobei sich Phasen engen Zusammenwirkens, wie etwa zwischen Nicolas Sarkozy und Angela Merkel, mit solchen offener Konkurrenz ablösen. Seit dem Anschluss der DDR an die Bundesrepublik und der Rückgewinnung des Handlungsspielraums des deutschen Monopolkapitals im europäischen Osten ist jedoch der Kampf um die Hegemonie in der EU zugunsten Deutschlands entschieden.

In der Eurokrise konnte Deutschland seine Vormachtstellung ausbauen. Die deutsche Presse kommentierte dies mit Genugtuung: »Es ist offensichtlich, dass die Finanz und Staatsschuldenkrise die Verlagerung der Macht hin zu den Mitgliedstaaten verstärkt hat. So ist etwa die Stellung Deutschlands (…) heute so stark, wie das noch nie in der Geschichte der Einigung der Fall war. Spiegelbild ist die relative Schwäche Frankreichs und Großbritanniens.«[107] Gravierend wirken sich auch die in der Krise veränderten Herrschaftsverhältnisse zwischen europäischem Kern und Peripherie aus. Immer blasser wird das Bild, das die EU von sich selbst zeichnet als einer auf Zusammenarbeit angelegten Gemeinschaft. Entstanden ist vielmehr eine Hegemonialordnung mit Deutschland an der Spitze.

Die EU in der globalen imperialistischen Konkurrenz | Die in der EU zusammengeschlossenen Staaten nutzen sie, um mit ihr die eigenen weltpolitischen Handlungsspielräume zu erweitern. Deshalb soll sich die Union zu einem »Global Player«

106 Hartmann, 2007; Landefeld, 2010; vgl. auch Abschnitt III.2. in diesem Buch

107 Frankenberger, 2012

entwickeln, der sowohl zu gleichberechtigter Kooperation, als auch zur Konkurrenz mit dem Zentrum des Weltkapitalismus, den Vereinigten Staaten, fähig ist. Als neue Gefahr für Europa wird der Aufstieg der Schwellenländer beschworen. Es wird davor gewarnt, dass die EU-Staaten, auf sich gestellt, der wachsenden Konkurrenz aufstrebender Mächte wie China, Russland, Brasilien, Südafrika sowie Indien künftig nicht mehr gewachsen seien. In dem Appell *Für einen Kurswechsel in der Europa-Politik* wird vor einem Niedergang Europas gewarnt: »Die europäischen Bevölkerungen müssen lernen, dass sie ihr sozialstaatliches Geschäftsmodell und die nationalstaatliche Vielfalt ihrer Kulturen nur noch gemeinsam behaupten können. Sie müssen ihre Kräfte bündeln, wenn sie überhaupt noch auf die Agenda der Weltpolitik und die Lösung globaler Probleme Einfluss nehmen wollen. Der Verzicht auf die europäische Einigung wäre auch ein Abschied von der Weltgeschichte.«[108]

Die Angst der europäischen kapitalistischen Eliten, im weltweiten Konkurrenzkampf nicht länger mehr den Ton angeben zu können, stand bereits am Ausgangspunkt des europäischen Projekts. Richard Coudenhove-Kalergi, Begründer der Paneuropa-Union, erklärte 1926: »Internationaler Freihandel ist unmöglich, solange die heutige Spannung herrscht zwischen den Lebensbedingungen und Lohnverhältnissen in Amerika, Europa und Asien. Aber ein europäischer Zollverein ist möglich und die einzige Rettung der europäischen Wirtschaft vor der Weltherrschaft des angelsächsischen Kapitalismus oder des russischen Bolschewismus.«[109] Und Lenin verwies auf den ehemaligen Sozialdemokraten Hildebrand: »Der deutsche Opportunist Gerhard Hildebrand (...) ergänzt Hobson ausgezeichnet, indem er die ›Vereinigten Staaten von Westeuropa‹ (ohne

---

108 Habermas / Nida-Rümelin / Bofinger, 2012
109 Coudenhove-Kalergi, 1977, 515

Russland) propagiert, und zwar zum ›Zusammenwirken‹ gegen (…) die Neger Afrikas, gegen ›eine islamitische Bewegung großen Stils‹, zur ›Bildung einer Heeres- und Flottenmacht allerersten Ranges‹, gegen eine ›chinesisch-japanische Koalition‹ u. a. m.«[110]

China – das neue Feindbild | Mit der Auflösung der Sowjetunion und des mit ihr verbündeten Lagers verblasste auch das traditionelle Feindbild des Westens, das zu einem einheitlichen Vorgehen seiner Staaten zwang. Seitdem vertiefen sich wieder die innerimperialistischen Interessengegensätze. Immer häufiger wird der Führungsanspruch der USA durch europäische Mächte in Frage gestellt. Ausdruck dieser neuen Gegensätze war die Weigerung Frankreichs und Deutschlands, unter Abstimmung mit Russland, sich am zweiten Golfkrieg gegen den Irak zu beteiligen. Die USA antworteten darauf mit dem Versuch, dieses von ihnen so genannte »alte Europa« gegen ein »neues«, bestehend aus den mit ihnen verbündeten mittelost- und osteuropäischen Ländern, auszuspielen. Auch beim Angriff auf Libyen agierte der Westen nicht einheitlich, Deutschland verweigerte sich. Um die brüchig werdende Geschlossenheit des Westens zu festigen, halten vor allem die USA an der NATO fest und formulieren für dieses Militärbündnis in einem »weltweiten Kampf gegen den Terrorismus« immer neue Ziele. Der Festigung des Bündnisses zwischen den USA und der EU dient auch das geplante Transatlantische Handels abkommen TTIP.

Beide Blöcke, die USA und die EU, teilen das Interesse am Erhalt der globalen Vormachtstellung des Westens. Bei den Warnungen vor einem Aufstieg Chinas geht es nicht allein darum, sich vor einem weiteren Konkurrenten auf den Weltmärkten zu wappnen. Mit China wächst dem Westen vielmehr

110 Lenin, 1960, S. 286

auch ein ernsthafter politischer Konkurrent heran, denn das Land hält an seiner sozialistischen Orientierung fest, und es lässt sich nicht in ein westlich geführtes politisches oder militärisches Bündnis einbinden. Dies unterscheidet China von Japan und Südkorea, die bei all ihrer ökonomischen Stärke immer treue politische und militärische Verbündete der USA waren und sind.[111]

Die Dialektik von Konkurrenz und Kooperation | Der Begriff »Ultraimperialismus« wird zur Beschreibung des Verhältnisses imperialistischer Staaten untereinander heute kaum noch verwendet. Doch als gedankliche Konstruktion ist die Vorstellung von einem Staatenkartell, in dem der Konkurrenzkampf unter ihnen gemildert, wenn nicht sogar ausgeschaltet ist, weiterhin sehr lebendig. In der Diskussion über den Charakter der Globalisierung werden Begriffe verwendet, die ein angeblich völlig neues, da internationalisiertes Stadium der kapitalistischen Entwicklung beschwören. Die Rede ist von einer »Transnationalisierung«[112], der Herrschaft einer »transnationalen Finanzoligarchie«[113] und von einem »transnationalen Hightech-Kapitalismus«[114]. Auch wird von nur noch nationalen bzw. europäischen Abteilungen eines »globalen Kapitals«[115] gesprochen.

Von den Anhängern dieser Vorstellungen wird oft darauf verwiesen, dass eine immer stärkere internationale Vernetzung lediglich Ergebnis der objektiven Vergesellschaftung der kapitalistischen Ökonomien sei, die quasi als Naturgesetz wirke. Der Versuch, diese Entwicklung zu ignorieren oder gar rückgängig

---

111 Vgl. zur Bedeutung des Feindbildes China in der Ideologie der EU: Wehr, 2013, S. 144ff.
112 Candeias/Oberndorfer/Steckner, 2014
113 Vgl. ISW
114 Vgl. Haug, 2009, S. 559
115 Schuhler, 2003, S. 151, 153

machen zu wollen, sei daher weltfremd oder sogar reaktionär. Es wurde hier bereits Lenins Antwort auf Kautsky zitiert, wonach die Aussage »die Entwicklung bewege sich in die Richtung« noch gar nichts bedeutet, da damit nicht die notwendige konkrete Analyse der konkreten Situation geleistet ist. Für die Bewertung der Europäischen Union heißt das: Die Aussage, dass sie Ausdruck einer zunehmenden Internationalisierung der europäischen kapitalistischen Ökonomien ist, bedeutet noch lange nicht, dass sich diese Internationalisierung nur so und nicht anders abspielen kann. Untersucht man nämlich die EU genauer, so kann man leicht feststellen, dass sie vielmehr Ausdruck einer »imperialistisch deformierten Vergesellschaftung«[116] ist. Die EU bleibt durch die imperialistische Konkurrenz ihrer Mitgliedstaaten strukturiert.

Die Dialektik von Konkurrenz und Kooperation, bleibt bestimmend, sowohl global als auch in Europa. Zu dieser Dialektik gehört, dass Kooperation immer nur solange akzeptiert wird, wie sie unbedingt notwendig ist bzw. den eigenen Interessen nützt. Ansonsten dominiert die Konkurrenz als die dem Kapitalismus naturgegebene Form. Es gilt daher weiterhin die Aussage Lenins, dass »unter dem Kapitalismus (...) für die Aufteilung der Interessen und Einflusssphären, der Kolonien usw. eine andere Grundlage als die Stärke der daran Beteiligten, ihre allgemeinwirtschaftliche, finanzielle, militärische und sonstige Stärke, nicht denkbar (ist).«[117]

116 Gudopp, 1997, S. 67
117 Lenin, 1960, S. 300

IV. Strategiediskussion auf dem Hintergrund der SMK-Theorie

Die etappenweise Herausbildung des SMK war Gegenstand der Reflexion in den Strategiediskussionen der Arbeiterbewegung und anderer linker Kräfte. Strategiefragen waren schon Teil der Imperialismusdiskussion zu Beginn des 20. Jahrhunderts.

1. Imperialismus und SMK – Neue Kampfbedingungen

Für Rudolf Hilferding bedeutete das Finanzkapital »nicht Freiheit, sondern Herrschaft«. Für Lenin verstärkten Monopole die Tendenz zu Demokratieabbau und kriegerischer Expansion, zur Reaktion nach innen und zur Aggression nach außen. Doch gerade diese demokratiefeindlichen Tendenzen erzeugten als Gegentendenz »demokratische Bestrebungen der Massen« und verschärften »den Antagonismus zwischen dem die Demokratie negierenden Imperialismus und den nach Demokratie strebenden Massen«.[118]

Selbstbestimmungsrecht als Teil des Kampfs um Demokratie

Damit steht die Frage nach der Dialektik des Kampfes um Demokratie und Sozialismus im Mittelpunkt. Ein Aspekt davon ist das Selbstbestimmungsrecht der Völker. War eine solche

118 Lenin, 1975, S. 14

Losung am »Vorabend der sozialistischen Weltrevolution«, von dem die Linken ausgingen, zeitgemäß? War sie internationalistisch? Rosa Luxemburg sah in der Forderung nach dem Selbstbestimmungsrecht der Polen »bürgerlichen Nationalismus«. Sie fürchtete, ein Zerfall von Großstaaten werde die Spaltung des internationalen Proletariats befördern. In Polen stärke er den bürgerlichen Nationalismus.

Lenin hielt dagegen, dass die Ablehnung des Selbstbestimmungsrechts der Polen den russischen Chauvinismus, die Reaktionäre der unterdrückenden Nation stärke. Die »geringste Unterstützung der Privilegien der *eigenen* nationalen Bourgeoisie durch das Proletariat irgendeiner Nation« werde die internationale Klassensolidarität schwächen. Das Selbstbestimmungsrecht sei nur negativ zu definieren, als Ablehnung von Zwangsherrschaft und Privilegien. So wie die Anerkennung des Scheidungsrechts nicht bedeute, dass jede Ehe geschieden werden muss, richte es sich nicht gegen jede Art von Staatenbünden.[119]

Gegenüber Marxisten, die das Recht auf Selbstbestimmung angesichts starker ökonomischer Verflechtungen zwischen Polen und Russland oder auch zwischen Irland und England als illusionär ansahen, betonte Lenin den Unterschied und die Wechselwirkung von Ökonomie und Politik. Das Selbstbestimmungsrecht beziehe sich auf die politische Macht. Ein »ökonomistischer Imperialismus« ignoriere, dass politische Bevormundung durch Großmächte die Entwicklungsmöglichkeiten abhängiger Länder einschränke und auch die Entfaltung des Klassenkampfs in ihrem Inneren behindere.

Hinüberwachsen der bürgerlich-demokratischen in die sozialistische Revolution | Neben der Frage der Selbstbestimmung stand die nach den Etappen beim Übergang zu einer

119 Lenin, 1961, S. 458

sozialistischen Gesellschaftsform im Mittelpunkt der Strategiediskussion. In Russland zeichnete sich während der Revolution 1905 ein Kompromiss von Großbourgeoisie und Großgrundbesitz ab, um die Privilegien beider gegen die Interessen des Proletariats und der Bauernmassen zu sichern. Eine Agrarreform als Kernbestandteil der bürgerlich-demokratischen Revolution war daher nur gegen die Bourgeoisie zu haben. Die Masse der Bauern war somit auf ein Bündnis mit dem Proletariat angewiesen. Aus dieser Konstellation entwickelte Lenin die Strategie des Hinüberwachsens der bürgerlich-demokratischen in die sozialistische Revolution. Gegen den Ökonomismus, der die bürgerlich-demokratische Revolution der Bourgeoisie überlässt, entwickelte Lenin das Konzept der Hegemonie des Proletariats in der bürgerlich-demokratischen Etappe der Revolution.

Zugleich sah er im Monopolkapitalismus »Züge einer Übergangsgesellschaft«, denn das hohe Niveau der erreichten Vergesellschaftung bereite den Sozialismus materiell vor. Der rechte Sozialdemokrat Scheidemann nannte den Staatsdirigismus der Kriegswirtschaft damals sogar »Kriegssozialismus«. Lenin sah in ihm hingegen ein »Militärzuchthaus für die Arbeiterklasse«. Auf der anderen Seite hielt er Staatsbetriebe wie die deutsche Reichspost für Stätten der »Schulung und Disziplinierung von Millionen Arbeitern«, die dort lernten, bestimmte Staatsfunktionen selber zu verwalten.[120]

Im September 1917 geißelte Lenin die Kriegswirtschaft der russischen Kerenski-Regierung. Im Kampf gegen Hunger, Not, Korruption und Misswirtschaft, forderte er die Nationalisierung von Großbanken und Großbetrieben und ihre demokratische Kontrolle durch die Organisationen der Massen. Davor schreckten Menschewiki und rechte Sozialrevolutionäre zurück, die über den bürgerlich-demokratischen Charakter

---

120 Lenin, 1972, S. 487

der Revolution nicht hinausgehen wollten. Lenin sah dagegen unter Bedingungen des staatsmonopolistischen Kapitalismus in der konsequenten revolutionären Demokratie »unweigerlich, ja unvermeidlich einen Schritt, ja mehrere Schritte zum Sozialismus hin«.[121]

Formen des Herankommens | Nach den Niederlagen der Revolutionen 1918/19 in Deutschland, Österreich, Ungarn und Italien, war klar, dass sich sozialistische Umwälzungen in den ökonomisch höher entwickelten Ländern schwierig gestalten würden. Lenin riet den Kommunisten in Westeuropa, sich »auf den nächsten Schritt zu konzentrieren, der weniger wichtig zu sein scheint [...], aber dafür der konkreten Lösung der Aufgabe praktisch näher kommt, nämlich darauf, die Form des Übergehens zur proletarischen Revolution oder des Herangehens an sie ausfindig zu machen«. Bei der Lösung praktischer Aufgaben auf mannigfaltigen Gebieten müsse »ein Gebiet nach dem anderen der Bourgeoisie abgerungen« werden.[122]

Der IV. Weltkongress der Komintern 1922 orientierte auf Einheitsfrontregierungen der Arbeiterparteien: »Zwischen der gegenwärtigen Periode der Herrschaft der offenen bürgerlichen Reaktion und dem vollen Sieg des revolutionären Proletariats über die Bourgeoisie liegen verschiedene Etappen und sind verschiedene kurzfristige Episoden möglich«, heißt es in den Beschlüssen. Gramsci notierte 1930: »Mir scheint, Iljitsch hatte verstanden, dass es einer Wende vom Bewegungskrieg [...] zum Stellungskrieg bedurfte [...] Dies scheint mir die Formel von der ›Einheitsfront‹ zu bedeuten [...]«[123]

Auch in der »freiesten bürgerlichen Republik« übt, wie Engels sagte, »der Reichtum seine Macht indirekt, aber umso

121 Lenin, 1972, S. 368
122 Lenin, 1966, S. 79, 86
123 Gramsci, 1992, S. 873

sicherer aus«.[124] Zu ihrer sozialen Befreiung muss daher die Arbeiterklasse die politische Macht erkämpfen und von der bürgerlichen zur sozialistischen Demokratie vorwärts gehen. Rudolf Hilferdings Ende der 1920er eingenommene Position, wonach sich die bürgerliche Demokratie des »organisierten Kapitalismus« ohne Lösung der Machtfrage zur »Wirtschaftsdemokratie« ausdehnen ließe, erwies sich bereits vor dem Aufstieg Hitlers als Illusion. Die faschistische Gefahr selbst wurde in der gesamten Arbeiterbewegung unterschätzt.

Erst der VII. Weltkongress der Komintern definierte den Faschismus an der Macht als »offene, terroristische Diktatur der reaktionärsten, am meisten chauvinistischen und am meisten imperialistischen Elemente des Finanzkapitals«. Faschismus sei daher nicht lediglich eine andere bürgerliche Regierung. Faschismus und bürgerliche Demokratie seien vielmehr qualitativ verschiedene Herrschaftsformen der Bourgeoisie. Orientiert wurde nun auf die Verteidigung bürgerlich-demokratischer Rechte, die Überwindung der Spaltung der Arbeiterbewegung und auf breite antifaschistische Bündnisse.

Das Etappenziel der Verhinderung des Faschismus oder seines Sturzes, wo er an der Macht war, verknüpfte der VII. Weltkongress mit dem Gedanken von Lenin, »Formen des Herankommens an die Revolution« zu entwickeln. Erste Volksfrontregierungen gab es in Spanien, Frankreich und Chile. Strategischer Grundgedanke dabei war, den Massenkampf von der Defensive gegen Reaktion und Faschismus in eine Offensive zu überführen, die auf die Einschränkung der Macht der Monopole zielte, von denen die Tendenz zur Reaktion ausging.

Die Allende-Regierung 1970–1973 in Chile | Nach dem Zweiten Weltkrieg gingen in den von der Roten Armee besetzten Gebieten Europas und in vielen kolonial abhängigen

---

124 Marx/Engels, 1975, S. 167

Ländern eine Reihe volksdemokratischer Revolutionen aus dem antifaschistischen und antikolonialen Befreiungskampf hervor. Von enormer Bedeutung war dabei der Sieg der Volksbefreiungsarmee in China. In den kapitalistischen Ländern des Westens wurden wiederum aus den Erfahrungen des antifaschistischen Kampfs Konzeptionen der »antimonopolistischen Demokratie« entwickelt. Die bekanntesten praktischen Versuche gab es in den 70er Jahren. Es waren 1970–1973 die Regierung der Unidad Popular in Chile, die April-Revolution 1974/75 in Portugal sowie das Programme commun[125] und die Linksunion in Frankreich 1972–1978.

In Chile gelangte 1970 ein Bündnis aus Kommunisten, Sozialisten, Radikaler Partei, christlichen und anderen Linken durch Wahlen an die Regierung. Handlungen zur raschen Hebung des Lebensniveaus der Lohnabhängigen, die Nationalisierung von Banken, des Kupferbergbaus und von großen Industrie- und Außenhandelsbetrieben sowie antiimperialistische und antioligarchische Umgestaltungen folgten. Sie sollten die Macht des Großgrundbesitzes und des in- und ausländischen Monopolkapitals beschränken und den Weg zum Sozialismus öffnen. Im Parlament verfügten die Parteien der Unidad Popular zu keiner Zeit über eine Mehrheit, sie waren vielmehr auf Kompromisse mit bürgerlichen Kräften, vor allem den Christdemokraten, angewiesen.

Über die Notwendigkeit, die Aktionseinheit der Arbeiterklasse auf ein soziales Bündnis mit den Mittelschichten auszuweiten, bestand zwischen Sozialisten und Kommunisten nur zum Teil Einigkeit. Im Verlauf des revolutionären Prozesses, der von Beginn an mit erbittertem Widerstand, Verleumdungen, Sabotage, Terrorakten und imperialistischer Einmischung konfrontiert war, gelang es den konterrevolutionären Kräften, die Arbeiterklasse zu isolieren und den überwiegenden Teil der

---

125 Marchais, 1972

Mittelschichten auf ihre Seite zu ziehen. Im Parlament reflektierte sich dies im geschlossenen Übergang der Christdemokraten zur Rechten. Auch das Kräfteverhältnis in der Armee entwickelte sich nach rechts.

1970 war kurz vor der Amtseinführung Salvador Allendes ein von den USA initiierter Putschversuch durch die Wachsamkeit der Volksmassen und die Verweigerung der Konstitutionalisten in der Armee vereitelt worden. Auch ein Umsturzversuch im Juni 1973 blieb noch isoliert. Wenige Monate später hatte sich aber das Kräfteverhältnis in Armee, Teilen des Staatsapparats und im bürgerlichen Lager grundlegend zugunsten der Konterrevolution verändert. Pinochets Putsch siegte. Ressourcen, sich dagegen zur Wehr zu setzen, standen den fortschrittlichen Kräften mangels Vorbereitung auf diesen Fall, nicht zur Verfügung.

Die April-Revolution in Portugal 1974 | In Portugal führte 1974 eine Erhebung der Bewegung der Streitkräfte, Movimento das Forças Armadas (MFA), der die Volksmassen zu Hilfe kamen, zum Sturz des Salazar/Caetano-Regimes. Die April-Revolution brachte die Unabhängigkeit der portugiesischen Kolonien. Es kam 1975 zur Nationalisierung von 245 Konzernen und Banken. 1,14 Millionen Hektar Latifundien wurden von den Landarbeitern in Besitz genommen, worauf 550 Kooperativen entstanden. Gegen den revolutionären Prozess gab es mehrfach Putschversuche rechtsgerichteter Militärs. Sie scheiterten an der Mobilisierung der Bevölkerung. Das Voranschreiten in dieser Phase stützte sich auf eine durch den Massenkampf bewirkte Aktionseinheit von kommunistischer (PCP) und sozialistischer Partei (PS) sowie auf das Bündnis von Volk und MFA.

Die erst 1973 gegründete Sozialistische Partei passte sich der Bewegung zunächst an, um den Einfluss der Kommunisten zurückdrängen zu können. Die Bildung einer Einheitsgewerkschaft lehnte sie ab, weil ihr der kommunistische Einfluss dort zu groß gewesen wäre. Zu den Wahlen zur Verfassungsgebenden Versammlung 1975 organisierte sie eine antikommunistische Kampagne, hinter der sich die gesamte portugiesische Reaktion sammelte. Im Norden Portugals wurden Parteibüros der PCP in Brand gesteckt. Bei der Wahl kam die SP auf 38 Prozent, die PCP nur auf 12. Die SP verließ die gemeinsame Regierung. Die MFA spaltete sich in eine SP-nahe, eine ultralinke und eine revolutionär-demokratische Strömung.

In der Folgezeit wurde zunächst die PCP, später die SP selbst aus der Regierung verdrängt. Viele der in den zwei Jahren nach der April-Revolution erkämpften, antimonopolistischen und antioligarchischen Errungenschaften wurden im Verlauf von 20 Jahren Konterrevolution und im Zuge der Integration in die EU wieder rückgängig gemacht. Einige konnten verteidigt werden. So sieht die portugiesische Verfassung weiterhin die Öffnung des Wegs zum Sozialismus vor. Als zwischen 2010 und 2013 die Massen ihre Rechte gegen das Diktat der EU-Troika verteidigten, konnten sie sich auf die Verfassung stützen; das Verfassungsgericht setzte Teile der »Memoranden« außer Kraft.

Die PCP orientiert heute auf eine »fortgeschrittene Demokratie« als Etappe im Kampf um den Sozialismus. Der Weg der April-Revolution, die als »unvollendete Revolution« charakterisiert wird, sei erneut einzuschlagen. Dazu gehöre die Erlangung der nationalen Souveränität Portugals, das heute dem Diktat in- und ausländischer Monopole und eines Direktoriums kapitalistischer Großmächte unterstellt sei. Die restaurierte Macht der Monopole und Großgrundbesitzer soll gebrochen, der Weg zum Sozialismus geöffnet werden. Der Bruch mit der kapitalistischen Integration in Form der EU gilt dabei als unumgänglich.[126]

126 Portuguese Communist Party, 2012

Das Programme Commun in Frankreich | In Frankreich war die Kommunistische Partei (PCF) nach 1945 zunächst stärkste Kraft der Arbeiterbewegung. Nach 1968 bildete sich die heutige sozialistische Partei (PS) heraus. PCF, PS und die linksliberale Partei der radikalen Linken, Parti radical de gauche (PRG), unterzeichneten 1972 das »Gemeinsame Regierungsprogramm«, das als Wahlplattform und zugleich Aktionsprogramm für außerparlamentarische Kämpfe der gewerkschaftlichen und politischen Linken, von Jugend- und Studierendenorganisationen diente. 1974 verfehlte die Linksunion den Wahlsieg auf nationaler Ebene nur knapp. 1978 überholte die PS die PCF bei den Parlamentswahlen, was letztere veranlasste, das Linksbündnis zu verlassen.

Erst 1981, nach der Wahl François Mitterrands zum Präsidenten, wurde eine sozialistisch-kommunistische Regierung gebildet. Zu dieser Zeit hatte in vielen Ländern schon der Übergang zum neoliberalen Regulierungstyp begonnen. Unter Mitterrand kam es zunächst zur Erhöhung von Mindestlöhnen und Renten, zu Arbeitszeitverkürzungen, zur Verstaatlichung von Großkonzernen und -banken und anderen Reformen. Die nicht zuletzt wegen der Rüstungspolitik von Anfang an belastete Koalition scheiterte, als der sozialistische Wirtschaftsminister begann, dem französischen Leistungsbilanzdefizit mit einem Austeritätsprogramm zu begegnen. Die PCF trat aus der Regierung aus.

Das Programme Commun spielte für die Mitterrand-Regierung schon keine Rolle mehr. Es war der bisher letzte Versuch der Formulierung einer revolutionären Strategie für Frankreich gewesen, die, zumindest aus der Sicht der damaligen PCF, mit dem Projekt der antimonopolistischen Demokratie den Weg zum Sozialismus öffnen sollte. Spätere Beteiligungen der PCF an sogenannten Mitte-Links-Regierungen hatten keinen Bezug zu einer revolutionären Strategie mehr, sondern verfolgten nur noch das Ziel eines Politikwechsels von der neoliberalen zu einer progressiveren Variante kapitalistischer Regulierung.

Diskussionen in der Bundesrepublik | In der Bundesrepublik verfolgte die 1968 konstituierte DKP die Strategie des antimonopolistischen Kampfes. Ihre Grundsatzerklärung schätzte die BRD-Gesellschaft als staatsmonopolistischen Kapitalismus ein. Als strategisches Etappenziel forderte sie die »Einschränkung der Macht des Monopolkapitals und ihre schließliche Überwindung, die Umwandlung der Bundesrepublik in eine reale, fortschrittliche Demokratie«.[127] In den 70er Jahren erarbeitete die DKP auf dieser Basis Teilprogramme, wie ein Bildungsreformprogramm, ein Kulturprogramm und ein Agrarprogramm. Auch ihr nahestehende Organisationen wie der Marxistische Studentenbund Spartakus oder die Sozialistische Deutsche Arbeiterjugend (SDAJ) folgten mit ihren Programmen der antimonopolistischen Stoßrichtung.

Nach der Linkswende der Jungsozialisten und des sozialdemokratischen Studierendenverbands SHB entwickelte sich Ende der 1960er Jahre auch in der SPD eine Strömung, die sich an zentralen Aussagen der SMK-Theorie orientierte. Erste Ausarbeitungen, die von der SMK-Theorie ausgingen, waren Strategiepapiere des Hamburger und des Berliner Juso-Landesverbands 1971. Die sich im »Hannoveraner Kreis« organisierende »Stamokap-Fraktion« spielte bei den innerverbandlichen Auseinandersetzungen der Jungsozialisten der 70er und 80er Jahre eine wichtige Rolle und konnte vorübergehend sogar den Bundesverband dominieren. Ab 1978 gab diese Strömung die *Zeitschrift für Sozialistische Politik und Wirtschaft (spw)* heraus.

1978 legten die im Hannoveraner Kreis zusammengeschlossenen Jungsozialisten und SPD-Linken eine erste und 1980 eine zweite Fassung der *Herforder Thesen – Zur Arbeit von Marxisten in der SPD* vor, in denen auf Grundlage der SMK-Theorie eine eigenständige Positionsbestimmung innerhalb der

127 Parteivorstand der DKP, 1969, S. 22f.

Sozialdemokratie vorgenommen wurde. Im strategisch zentralen Abschnitt III. »Der demokratische Weg zum Sozialismus in den entwickelten kapitalistischen Ländern« heißt es in den Herforder Thesen:

»Aus all den Entwicklungen, den objektiven Strukturveränderungen wie den historischen Erfahrungen haben große Teile der westeuropäischen Linken die Schlussfolgerungen gezogen, dass der auf eine breite gesellschaftliche Mehrheit gestützte demokratische Weg zum Sozialismus mehr als je zuvor die zentrale politische Aufgabe einer sozialistischen Strategie ist. Sie ermöglicht es, die demokratischen Rechte im Prozess der Klassenauseinandersetzungen ständig zu erweitern und eine weit über die Arbeiterbewegung hinausgehende Unterstützung für die notwendigen gesellschaftlichen Veränderungen zu erreichen, um so die reaktionären Kreise zu isolieren und ihnen die Zuflucht zur Gewaltanwendung bis hin zum Bürgerkrieg abzuschneiden.«[128]

Auf einer Konferenz zur Diskussion der Herforder Thesen im November 1980 in Bielefeld erklärte Wolfgang Abendroth, dass die Thesen die Absicht, ein »strategisches Konzept anzubieten weitgehend [...] realisiert haben.« Er gab zugleich zu bedenken, dass »es nicht in der Willkür der Arbeiterklasse, der Marxisten und der Sozialisten (liegt), ob der Weg zum Sozialismus friedlich beschritten werden kann oder nicht. Darüber, ob er friedlich beschritten werden kann, entscheidet die Gegenklasse [...], die wir höchstens durch unsere Stärke und Strategie zwingen können, Demokratie und Rechtsstaatlichkeit zu respektieren. Aber garantieren können wir unseren Erfolg nicht. Sind wir zu schwach, [...] gelingt dem Monopolkapital in einer (im Kapitalismus unvermeidlichen) ökonomischen Krise noch einmal der Ausweg in Faschismus und Krieg, stünden wir dann vor gänzlich anderen Perspektiven. Daraus folgt: Es ist falsch

---

128 spw, 1980, S. 32

und unmarxistisch gedacht, zu behaupten, dass es *nur* den legalen, den demokratischen, die gewaltsame Auseinandersetzung vermeidenden Weg zum Sozialismus gäbe.«[129]

Das Scheitern der Linksregierungen in Chile und Frankreich nahm allen Linken Illusionen über ein rasches Vorankommen. In der Bundesrepublik schien die Arbeiterklasse in das kapitalistische System integriert und keine vorantreibende Rolle mehr zu spielen. Als Folge der Krise 1974/75 begann eine lang anhaltende Rechtsentwicklung. Gegen den reaktionären Ausweg aus der Krise propagierte die DKP im neuen Programm 1978 das Ziel einer Wende zu demokratischem und sozialem Fortschritt. Erstrebenswert sei, dass der Kampf dafür »in eine antimonopolistische Demokratie« einmünde.

Die DKP-Programme von 1978 und 2006 sehen »die antimonopolistische und die sozialistische Umwälzung als miteinander verbundene Entwicklungsstadien in dem einheitlichen revolutionären Prozess des Übergangs vom Kapitalismus zum Sozialismus.« Dabei gehe es um Kampfetappen, nicht um ein »Zwischenstadium« zwischen Kapitalismus und Sozialismus.[130] »Es handelt sich um eine Periode des revolutionären Kampfes, in der noch Elemente des Kapitalismus aber auch schon Keimformen des Sozialismus vorhanden sind«, um »Übergangsverhältnisse«.[131] Bezogen auf die Staatsmacht gehe es in dieser Periode um die Schwächung der repressiven Apparate, die Ausweitung demokratischer Kontrolle durch das Volk, die Nutzung von die Wirtschaft regulierenden Apparaten im Interesse der Mehrheit.

Dabei habe sich eine demokratische Regierung auf mobilisierte und organisierte Massen zu stützen. Umfassende Formen der politischen Organisation der antimonopolistisch-demokratischen

---

129 Abendroth, 1982, S. 41
130 Gerns/Steigerwald, 1977, S. 50
131 Gerns/Steigerwald, 1983, S. 151

Kräfte müssten zur Herausbildung einer neuen Staatsmacht beitragen. Das Kapital habe, wenn es seine Macht und Privilegien bedroht sah, stets versucht, »den gesellschaftlichen Fortschritt durch Wirtschaftssabotage und politische Diversion, durch Terror und blutige Gewalt gegen das Volk aufzuhalten.« Daher müsse im harten Klassen- und Massenkampf »der unvermeidliche Widerstand des Großkapitals überwunden und ein solches Übergewicht der zum Sozialismus strebenden Kräfte erreicht werden, das es ermöglicht, die Reaktion an der Anwendung blutiger konterrevolutionärer Gewalt zu hindern.«[132]

In den 80er Jahren wurde mehr und mehr deutlich, dass die Kämpfe der Arbeiterklasse um Umverteilung und kollektive Arbeitszeitverkürzung vorerst ausliefen und die Arbeiterbewegung durch Strukturveränderungen, Massenarbeitslosigkeit und zunehmende Flexibilisierung und Prekarisierung an Kampfkraft verlor. Mit der Anti-AKW-Bewegung und der Frauenbewegung traten neue soziale Bewegungen in Erscheinung und trugen die Partei *Die Grünen* in die Parlamente. In der Sowjetunion betonte Gorbatschow die »Menschheitsfragen« und forderte klassenübergreifende Bündnisse. Eine »Erneuererströmung« in der DKP trat mit der Unterstützung von Gorbatschowisten in SED und KPdSU für eine programmatische Neuorientierung in Form der sogenannten »Reformalternative« ein.

Die »Reformalternative« zielte auf die Durchsetzung einer progressiven, binnenorientierten und ökologisch-sozialeren Variante des staatsmonopolistischen Kapitalismus. Eingriffe in monopolkapitalistisches Eigentum sollten dabei kein Tabu sein, waren aber »keine konzeptionellen Bestandteile der Reformalternative.« In ihr trat vielmehr »die antimonopolistische Orientierung, wie sie für die marxistische Strategie der Vergangenheit bestimmend war, in den Hintergrund«.[133] Dem lag

132 DKP-Parteivorstand, 1978, 66ff.
133 Huffschmid/Jung, 1988, S. 132, 153

eine Neueinschätzung der internationalen Kräfteverhältnisse zugrunde. Während der revolutionäre Weltprozess stagniere, habe sich der Kapitalismus als anpassungsfähiger und innovativer erwiesen als angenommen. Nicht der weltweite Übergang zum Sozialismus, sondern eine langanhaltende Koexistenz der sich weiterentwickelnden Gesellschaftssysteme, zwischen denen sich Zwischenformen herausbildeten, präge die Epoche. Später stufte Gorbatschow Schweden als sozialistisches Land ein.

Die DKP lehnte die »Reformalternative« mehrheitlich ab. Heinz Jung, einer ihrer Autoren, meinte nach dem Zusammenbruch der DDR, dass für die östlichen Befürworter dieser Kursänderung »die Präferenz für eine Reformorientierung schon die Reaktion auf den Vormarsch der Restauration und des markwirtschaftlichen Denkens« gewesen sei. »In den sophistischen Debatten über den Charakter der Epoche waren die Abschiedsformeln für den Sozialismus versteckt. ... Unsere Ambitionen waren jedoch andere. Unser Axiom war nach wie vor die Bipolarität der Welt und der innergesellschaftliche Antagonismus im Kapitalismus.«[134]

2. Reform – Revolution – Transformation

Das Konzept der »doppelten Transformation« des Sozialwissenschaftlers Dieter Klein knüpft an die Reformalternative an. Er will sozial-ökologische und demokratische Reformen mit einer »großen Transformation« verbinden. Der Kapitalismus sei zu überwinden, indem »alle Werte, Elemente, Institutionen und Praxen«, die schon in der bürgerlichen Gesellschaft eine dem Kapital entgegengesetzte Logik bergen, »aus dem Abseits gerissen und entfaltet« werden.[135] Klein spricht von »Transforma-

134 Jung, 1990, S. 368
135 Klein, 2013, Klappentext

tion als Aufhebung von Reform und Revolution«, definiert Revolution als punktuelle, riskante bis unwägbare »Auswechslung« eines Gesellschaftssystems durch ein anderes und Reformen als notwendig, aber in den Grenzen des Kapitalismus verbleibend. Die »Aufhebung« soll das Gute beider Pole bewahren und das Schlechte überwinden.

Genau dieses Verfahren hatte Rosa Luxemburg bei Bernstein kritisiert: Dessen »gründliche Abwägung der guten und schlechten Seiten« von Reform und Revolution erinnere »an das Abwägen von Zimt und Pfeffer in einem Konsumverein«. Tatsächlich funktionierten in der Geschichte Reform und Revolution »nach tieferen Gründen als den Vorzügen dieses oder jenes Verfahrens«: »Stets diente nämlich im Laufe der Geschichte die gesetzliche Reform zur allmählichen Erstarkung der aufstrebenden Klasse, bis sie sich reif genug fühlte, die politische Macht zu erobern und das ganze bestehende Rechtssystem umzuwerfen, um ein neues aufzubauen.«[136] Revolutionäre Situationen werden nicht künstlich herbeigeführt. Sie entstehen objektiv, aus der Wechselwirkung der Klassenkräfte, vor allem durch das Verhalten der herrschenden Klassen.

Dialektik von Reform und Revolution | Die marxistische Revolutionstheorie ging daher nie von der mechanischen Gegenüberstellung, sondern von der *Dialektik von Reform und Revolution* aus. Sie sind, so Rosa Luxemburg, »verschiedene Momente in der Entwicklung der Klassengesellschaft, die einander ebenso bedingen und ergänzen, zugleich aber ausschließen, wie z. B. Nordpol und Südpol, wie Bourgeoisie und Proletariat.«[137] In Kleins Transformationsbegriff ist die dialektische Wechselbeziehung durch die Summierung »quantitativer und qualitativer Veränderungen«, von »Reformen und Brüchen«, von »Refor-

136 Luxemburg, 1974, S. 427
137 Luxemburg, 1974, S. 428

men und Reformen von revolutionärer Tiefe« ersetzt – ohne Kriterien für den qualitativen Umschlag. Dazu müssten die neue Qualität der Klassenmacht und andere Systemqualitäten, die den Sozialismus vom Kapitalismus unterscheiden, benannt werden.

Bei Klein ist Sozialismus jedoch keine neue Gesellschaftsordnung, sondern als »Ziel, Bewegung und orientierendes Wertesystem zu verstehen, als ein ständiger demokratischer Prozess. [...] Sozialismus ist ein Prozess, in dem die Dominanz des Profits durch die Dominanz der Persönlichkeitsentfaltung der einzelnen in Solidarität mit anderen überwunden wird.«[138] Sozialismus wird von seinen objektiven Bedingungen gelöst und ins Reich subjektiven Verhaltens und der Werte verlagert. Richtig ist, dass im Kampf um den Sozialismus sich persönliche Qualitäten, wie Solidarität, Anteilnahme, Kollektivität, Ausdauer und Disziplin, ein Bewusstsein von der eigenen Geschichte und Kultur entwickeln. Insofern kann »das Morgen« schon »im Heute« tanzen, wie es Kleins Buchtitel verheißt.

Das kann aber den Unterschied in der Systemqualität von Kapitalismus und Sozialismus nicht aufheben. Marx, Engels, Luxemburg und Lenin leiteten aus dem kapitalistischen Grundwiderspruch zwischen Vergesellschaftung der Produktion und privater Aneignung bestimmte Grundzüge des Sozialismus ab. Danach bedarf es der politischen Macht der Arbeiterklasse, um die entscheidenden Produktionsmittel in Gemeineigentum zu überführen und die Produktion im Interesse der Gesellschaft zu planen. Dies kann auf vielfältige, national und historisch-spezifische Weise realisiert werden. Ohne diese Grundzüge kann von Sozialismus jedoch keine Rede sein.

Dieter Klein führt das hohe Niveau der Vergesellschaftung an, um vor den Risiken einer »Verdichtung« nötiger Einschnitte zu einem »zeitlich gerafften Großereignis des revolutionären

---

138 Klein, 2013, S. 16f.

Umsturzes« zu warnen: »Wenn an die Stelle längerer Prozesse molekularen Wandels [...] das umfassende Revolutionsereignis treten sollte, wäre auch für entwickelte kapitalistische Länder die Gefahr übergroß, dass solche Revolution überfordert« würde und »dass der Reproduktionsprozess zwangsläufig mit schwerwiegenden sozialen Einbußen für große Teile der Bevölkerung gravierend gestört und unbeherrschbar« würde.[139]

Dem Krisenmanagement konkurrierender Privatmonopole und mit ihnen verflochtener kapitalistischer Staaten scheint Klein hingegen zu vertrauen. Wie wenig gerechtfertigt dieses Vertrauen ist, zeigte sich aber Anfang 2012, als Kanzlerin Merkel in Konsultation mit den Spitzen von Konzernen und Wirtschaftsverbänden ernsthaft erwog, Griechenland in Konkurs gehen zu lassen. Situationen, in denen eine Bewältigung des Chaos nur durch die Organisiertheit des revolutionären Subjekts möglich ist, kann Klein sich offenbar nicht vorstellen.

Das Vergesellschaftungsniveau spricht für eine möglichst weitgehende politische Isolierung des staatsmonopolistischen Machtzentrums durch eine breite antimonopolistische Front. Es spricht für eine hohe Organisiertheit und Disziplin des »gesellschaftlichen Gesamtarbeiters« und seiner Verbündeten. Im Kampf um Reformen kann sich eine solche Gegenmacht formieren. Umgehen lässt sich die harte Konfrontation mit der herrschenden Klasse nicht. Anzustreben ist, die unvermeidbare Konfrontation durch gute Vorarbeit so kurz und unblutig wie möglich zu machen.

Klein, der die Innovationspotenziale des Kapitalismus für schier unerschöpflich hält, würde einwenden, dass ein Systemwechsel auf absehbare Zeit ohnehin nicht auf der Tagesordnung stehe. Doch auch im Kampf um sozial-ökologische Reformen, um die Überwindung des Neoliberalismus steht die Frage: Welche Klassenkräfte sollen das durchsetzen? Die

---

139 Klein, 2013, 114f.

wichtigsten Errungenschaften der Arbeiterbewegung wurden in revolutionären Situationen wie der Novemberrevolution oder zur Zeit der Systemkonkurrenz erreicht. Bei zunehmend enger werdendem Spielraum des Kapitals für Zugeständnisse lassen sich selbst kleine, gewöhnliche Reformen nur noch im härtesten Klassenkampf durchsetzen.

Gramsci zur Verschiebung von Kräfteverhältnissen | Da die herrschende Klasse neben repressiven Staatsapparaten über Institutionen und Organisationen der Zivilgesellschaft verfügt, mit denen sie die Beherrschten adressiert, interessiert, einbindet und führt, sah Gramsci im Westen die Notwendigkeit des »Stellungskriegs«, im Unterschied zum »Bewegungskrieg«, der 1917 in Russland zum Erfolg der Revolution geführt habe. Im Stellungskrieg wird der Gegner nicht in einem Sturmangriff besiegt, sondern muss – aufgrund seines vielfach befestigten Hinterlandes – in langwierigen Grabenkämpfen zermürbt werden, bevor an bestimmten Stellen ein Durchbruch möglich wird. Die »massive Struktur« des Hinterlands ähnelt den Schützengräben und dauerhaften Befestigungen der Front im Stellungskrieg; »sie machen das Element der Bewegung, das vorher der ganze Krieg war, zu einem partiellen«.[140]

Gramsci unterscheidet drei Ebenen oder Momente von Kräfteverhältnissen: gesellschaftliche, politische und militärische. Die *gesellschaftliche Ebene* ist eng an die ökonomische Basis [Struktur] gebunden. Es geht um die Klassenverhältnisse auf der Basis des Entwicklungsgrads der Produktivkräfte. Das Moment der *politischen Kräfteverhältnisse* reflektiert sich im Grad »an Homogenität, Selbstbewusstsein und Organisation, den die gesellschaftlichen Gruppen erreicht haben.« Er kann auf die Vertretung ökonomischer oder kollektiver Partikularinteressen beschränkt sein, aber auch das Bewusstsein einschließen, »dass

140 Gramsci, 1996, S. 1544f.

die eigenen korporativen Interessen in ihrer gegenwärtigen und künftigen Entwicklung den [...] Umkreis einer bloß ökonomischen Gruppe überschreiten und zu Interessen anderer untergeordneter Gruppen werden können und müssen.«[141] Erst dann entbrennt der Kampf um Hegemonie.

Schließlich gehört zu den Kräfteverhältnissen immer auch das *militärische Moment*, »das jedes mal unmittelbar entscheidend ist.« Es besteht aus einer militärisch-technischen und einer militärisch-politischen Komponente. Die zweite kann die Kriegstüchtigkeit der ersten schwächen. Entscheidend ist nach Gramsci in jeder Situation »die dauerhaft organisierte und von langer Hand vorbereitete Kraft, die man vorrücken lassen kann, wenn man eine Situation als günstig einschätzt (und günstig ist sie nur, sofern eine solche Kraft vorhanden und von kämpferischem Feuer erfüllt ist); deshalb ist die wesentliche Aufgabe, systematisch und geduldig darauf zu achten, diese Kraft zu formieren, zu entwickeln, sie immer homogener, kompakter, selbstbewusster zu machen.«[142]

Die Formierung der Kraft zielt letztlich auf die Eroberung der politischen Macht durch die »antagonistische Klasse«, die »dem phantastischen Komplex von Schützengräben und Befestigungen der herrschenden Klasse« den »Geist der Abspaltung« entgegensetzt und bestrebt ist, diesen auf ihre Verbündeten auszudehnen.[143] Kommt ein Bündnis von unten, eine Volksinitiative nicht zustande, dann behält die herrschende Klasse Zeit und Spielraum, um ihre Krisen von oben zu bearbeiten, durch eine »passive Revolution«, durch Lösungen, die ihre Herrschaft nicht gefährden. Meist sind das reaktionäre Lösungen. Fortschrittliche Elemente werden dann aufgegriffen, wenn das Kräfteverhältnis dies erzwingt.

141 Gramsci, 1996, S. 1560 f.
142 Gramsci, 1996, S. 1565
143 Gramsci, 1991, S. 374

Immer wird die herrschende Klasse versuchen, Teile ihrer Gegner einzubinden und dem herrschenden Block einzuverleiben. Gramsci bezeichnet diese Einverleibung, die er anhand des italienischen Risorgimento untersucht, als »Trasformismo«. Solange Transformationskonzepte das Ziel eines Wechsels in der Klassenmacht ausklammern, setzen sie auf eine solche »passive Revolution«. Klein beschreibt für den Ausgang der gegenwärtigen Krise fünf mögliche Szenarien, die vom neoliberalen ›Weiter so‹ über den Green New Deal bis zur ökologisch-sozialen solidarischen Gesellschaft reichen. Je nach Druck von unten und je nach der Wirkung von Appellen an die Vernunft der Herrschenden kommen die »unteren Schichten« dabei mal mehr und mal weniger gut davon.

Nur eine bessere Verwaltung des Kapitalismus? | Die Kommunistische Partei Griechenlands (KKE) orientiert sich »am strategischen Ziel, die kapitalistische Barbarei zu stürzen« und lehnt »eine Systemverwaltung von oben gemeinsam mit der Sozialdemokratie und dem Opportunismus« ab. Sie ist für Bündnisse der Arbeiterklasse mit »anderen armen Volksschichten«, wie Kleinbauern und »ländlichen und städtischen kleinbürgerlichen Schichten«, unter keinen Umständen jedoch mit Teilen der Bourgeoisie, »die als antimonopolistische Schichten bezeichnet werden.« Gegen Etappen auf dem Weg zum Sozialismus argumentiert sie, dass es zwischen Kapitalismus und Sozialismus »kein sozioökonomisches Zwischensystem« und keine »dazwischen liegende Herrschaftsform« gebe.[144] Die Unterscheidung zwischen Kampfetappen, die politische Kräfteverhältnisse markieren, und der Ebene der gesellschaftlichen Struktur fehlt hier.

Bei der antimonopolistischen Demokratie geht es um die Einleitung eines revolutionären Prozesses unter Bedingungen

144 Marinos, 2013

einer politischen Krise des staatsmonopolistischen Herrschaftssystems, der Auflehnung der Massen gegen Reaktion und Monopolkapital und der Bereitschaft großer Teile der Arbeiterklasse zur Aktionseinheit, um Maßregeln gegen die Monopole durchzusetzen, ohne dass die Massen zugleich schon die sozialistische Revolution wollen.[145] Eine solche Kräftekonstellation ist aus heutiger Sicht zumindest in der BRD der wahrscheinliche Weg des Herankommens an die sozialistische Revolution.

Klar ist, dass ein antimonopolistisches Bündnis kein homogener Block wäre. In ihm gäbe es noch antagonistische Widersprüche. Auch dürfte es nur punktuell gelingen, mittlere Kapitalisten einzubinden. Arbeiterklasse, Intelligenz, lohnabhängige Mittelschichten und kleine Gewerbetreibende würden die Masse stellen. Doch kann nicht einfach ignoriert werden, dass von den drei Millionen Unternehmen der BRD nur 0,3 Prozent über 62 Prozent der Umsätze erwirtschaften und die übrigen 99,7 Prozent nur 38 Prozent.

Will man das Monopolkapital als ökonomisches Machtzentrum ernsthaft angreifen, so muss, schon allein um den Hauptgegner zu isolieren, zwischen Monopolen und den 99,7 Prozent kleinen und mittleren Unternehmen differenziert werden, auch dann, wenn nur ein Bruchteil der Klein- und Mittelunternehmer auf die Seite der Demokratie gezogen, ein weiterer Teil eventuell neutralisiert werden kann. Die Monopole tun schon heute alles, um sich ihre Massenbasis bei Klein- und Mittelunternehmern sowie deren Anhang zu erhalten. In revolutionären Situationen werden sie versuchen, sie für Sabotage und konterrevolutionäre Aktivitäten einzuspannen.

Antiimperialistische Entwicklungen in Lateinamerika | In Venezuela gab es Ende 2013, mehr als ein Jahrzehnt nach der Einleitung revolutionärer Umgestaltungen über 7.000 Privat-

145 Gerns/Steigerwald, 1977, S. 42 f., 50

unternehmen neben 462 staatlichen. Der Großteil der Medien war in den Händen der Bourgeoisie. Die Einheit der Gewerkschaften war nicht erreicht. Venezuela befand sich, in den Worten eines führenden venezolanischen Kommunisten, »in der antiimperialistischen Etappe« und steckte zugleich »noch ganz tief im Kapitalismus«. Um Stabilität und Versorgung zu sichern, geht die linke Regierung unter den gegebenen Kräfteverhältnissen an das Unternehmerlager differenziert heran, nutzt Widersprüche, muss manchmal lavieren.[146]

In der gegenwärtigen Etappe geht es um die Gewinnung der vollen politischen, ökonomischen und kulturellen Souveränität, um die Verfügung über die Ressourcen des Landes, um sie im Interesse der Bevölkerungsmehrheit einzusetzen. Das erfordert die Umgestaltung der Außenwirtschaftsbeziehungen, die Kontrolle oder auch Nationalisierung transnational agierender Konzerne, die Lösung tradierter militärischer und geheimdienstlicher Bindungen an die USA, den Abbau von Störpotenzialen. Antiimperialismus und die Beseitigung der Reste von Kolonialismus gehören zu den Bedingungen für Veränderungen.

Im Inneren geht es um die Überwindung von Armut, die Anhebung des Lebensniveaus breiter Volksschichten, um gesundheitliche Versorgung und kostenlose Bildung, um Investitionen in Infrastruktur, Stadtentwicklung und die Schaffung von Arbeitsplätzen. Nötig ist die Landreform zugunsten von Kleinbauern und Genossenschaften, die Beseitigung des Bodenmonopols der Großgrundbesitzer und die Verbesserung der Ernährungslage. Es geht um gleichberechtigtes Zusammenleben und Respekt vor kulturellen Differenzen beim Aufbau plurinationaler Staaten.

Venezuela gehört neben Bolivien und Nicaragua zu den lateinamerikanischen Ländern, deren Bevölkerungsmehrheit

146 Wimmer, 2013, S. 35 f.

und Regierung den Sozialismus wollen. In der antiimperialistisch-demokratischen Etappe formieren sich die Kräfte, die Träger der sozialistischen Revolution sein können: »In die kollektive Leitung der Revolution gehören nicht nur Parteien, sondern auch soziale Bewegungen und Gewerkschaften. Die wichtigste Aufgabe ist die Weiterentwicklung der kommunalen Räte und der Räte von Arbeitern und Arbeiterinnen in den Unternehmen. Das sind für uns die beiden Stützen der Revolution.«[147]

Linksregierungen, wie etwa in Venezuela und Bolivien, sind durch Wahlen legitimiert, haben bürgerliche Staatsapparate übernommen und begonnen, diese umzugestalten, zum Teil auf der Basis neuer Verfassungen. Sofern die Veränderungen zunehmend revolutionär-demokratischen Charakter gewinnen, kann mit Lenin davon gesprochen werden, dass diese Gesellschaften »nicht mehr kapitalistisch, aber noch nicht sozialistisch« sind, zu Übergangsgesellschaften werden können. Je nach Kräfteverhältnissen, nicht zuletzt bei den bewaffneten Kräften, ist die Richtung der Entwicklung jedoch noch offen und muss immer neu durch Kämpfe entschieden werden.

In anderen Ländern Lateinamerikas, wie Brasilien, Argentinien und Chile, verfolgen Mitte-Links-Regierungen eine mehr oder weniger antineoliberale Reformpolitik im Rahmen des Kapitalismus. Trotz großer Widersprüche und scharfer Auseinandersetzungen in diesen Ländern gab es auch bei ihnen Fortschritte auf dem Weg der Armutsbekämpfung. Von Bedeutung für den Fortschritt des ganzen Kontinents ist ihr Beitrag zur Überwindung der Isolierung Kubas und ihre Bereitschaft zur Kooperation bei den antiimperialistischen lateinamerikanischen Integrationsprojekten.[148]

147 Wimmer, 2013, S. 38
148 Hermsdorf, 2013, 2014; Boris, 2014

Ein vorläufiges Fazit | Die Strategie des antimonopolistischen Kampfes spielt im 20. und 21. Jahrhundert in vielen Kämpfen einer ganzen Reihe von Ländern eine Rolle. Nur wenige dieser Kämpfe waren erfolgreich, doch andere, kürzere Wege zum Sozialismus hat die Geschichte nach 1917 auch nicht hervorgebracht. Wie jede Strategie darf die antimonopolistische Strategie nicht als starres Schema verstanden werden. Ihre Etappenziele, die zu wählenden Bündnisse und Kampfformen müssen entsprechend sich verändernder Kräfteverhältnisse immer neu definiert werden. Historische Prozesse laufen nicht nach einem Plan ab, sondern folgen der Wechselwirkung verschiedener Klassen und Schichten aufeinander mit jeweils teils gleichgerichteten, teils widersprechenden und antagonistischen Interessen. Jede Strategie muss daher mit einer flexiblen Taktik verbunden sein.

Bisherige Versuche revolutionärer Veränderung fanden nicht in den alten Zentren des Kapitalismus, sondern überwiegend in der Peripherie statt. In den Zentren gelang den Bourgeoisien vielmehr mit Hilfe von Zugeständnissen die Einbindung großer Teile der Arbeiterklasse in das System. Mit der Niederlage des Sozialismus in Europa, dem Übergang sozialdemokratischer und grüner Parteien zum Neoliberalismus und aufgrund von Veränderungen in der Struktur der Arbeiterklasse im Zuge des wissenschaftlich-technischen Fortschritts kam es zur weiteren, massiven Schwächung der revolutionären Teile der Arbeiterbewegung. Heute sind die revolutionären Kräfte fast überall in der Defensive und den Reformbegriff hat die neoliberale Gegenreform in Beschlag genommen. Der Revolutionsbegriff wird für »bunte« und reaktionäre Konter-Revolutionen vereinnahmt.

Die umfassende kapitalistische Krise, die 2007 von den USA ausging, zur Eurokrise führte und heute als zweite Weltwirtschaftskrise bezeichnet wird, bietet aber zugleich neue Möglichkeiten zur Herausbildung eines Bewusstseins von der Notwendigkeit der Überwindung des Systems. Im Mittelpunkt steht dabei die Kritik an den Banken, denen eine empörte Öffentlichkeit die Schuld an dieser Krise gibt, da sie sie mit gewagten Finanzgeschäften und ungezügelter Spekulation ausgelöst hätten. Auch wenn dabei verkannt wird, dass die eigentliche Ursache der Krise die kapitalistische Überproduktion ist und ihr Ausbruch durch waghalsige Kreditgeschäfte lediglich hinausgezögert wurde, so bietet diese Kritik an Banken, Schattenbanken, Hedge-Fonds und Private Equity Gesellschaften neue Ansatzpunkte für die Herausbildung antimonopolistischen Bewusstseins. Die Forderung nach Vergesellschaftung der Banken wird heute bereits von breiten Teilen der Öffentlichkeit erhoben und bringt sie auf diese Weise in einen Widerspruch zur Bourgeoisie des Finanzkapitals. Konsequent antikapitalistischen Kräften stellt sich daher die Aufgabe, die noch diffuse Kritik an der »Gier der Banker« in grundlegende Kritik weiterzuentwickeln. Gelingt dies, so ergeben sich daraus neue Möglichkeiten zur Herausbildung antimonopolistischer Bündnisse sowie zur Führung antimonopolistischer Kämpfe auch in den Zentren des Kapitalismus.

Literatur

Gesamtdarstellungen

Autorenkollektiv (1976) Allgemeine Krise des Kapitalismus. Triebkräfte und Erscheinungsformen in der Gegenwart, Berlin

Autorenkollektiv (1978,1979,1980) Wirtschaft und Staat in Deutschland. Eine Wirtschaftsgeschichte des staatsmonopolistischen Kapitalismus in Deutschland vom Ende des 19. Jahrhunderts bis 1945, Berlin

Autorenkollektiv (1986) Politische Ökonomie des Kapitalismus, Berlin

Autorenkollektiv beim Institut für Gesellschaftswissenschaften beim ZK der SED (1972) Der Imperialismus der BRD, Berlin

Autorenkollektiv des Lehrstuhls für politische Ökonomie des Moskauer Instituts für Wirtschaftsstatistik und anderer Hochschulen (1973) Politische Ökonomie, Berlin

Boccara, Paul u.a. (1973) Der staatsmonopolistische Kapitalismus, Frankfurt/Main

Breuer, Wilhelm M. (1975) Zur Politischen Ökonomie des Monopols, Köln

Gündel, Rudi / **Heininger**, Horst / **Hess**, Peter / **Zieschang**, Kurt (1967) Zur Theorie des staatsmonopolistischen Kapitalismus, Berlin

Heininger, Horst / **Hess**, Peter (1970) Die Aktualität der Leninschen Imperialismuskritik, Berlin

Heininger, Horst / **Maier**, Lutz (1987) Internationaler Kapitalismus, Berlin

Hemberger, Horst / **Maier**, Lutz / **Petrak**, Heinz / **Reinhold**, Otto / **Schwank**, Karl-Heinz (1965) Imperialismus heute. Der Staatsmonopolistische Kapitalismus in Westdeutschland, Berlin

Hobsbawm, Eric (1994) Das Zeitalter der Extreme, Weltgeschichte des 20. Jahrhunderts, Frankfurt/Main und Wien

Jung, Heinz (1986) Deformierte Vergesellschaftung. Zur Soziologie des staatsmonopolistischen Kapitalismus der BRD, Frankfurt/Main

Jung, Heinz / **Schleifstein**, Josef (1979) Die Theorie des staatsmonopolistischen Kapitalismus und ihre Kritiker in der Bundesrepublik Deutschland, Frankfurt/Main

Kuczynski, Jürgen (1963) Studien zur Geschichte des staatsmonopolistischen Kapitalismus in Deutschland 1918 bis 1945, Berlin

Nyikos, Emmerich (2010) Das Kapital als Prozess, Frankfurt/Main

Tjulpanow, S. I. / **Scheinis**, V. L. (1975) Aktuelle Probleme der politischen Ökonomie des heutigen Kapitalismus, Berlin

Wygodski, S. L. (1972) Der gegenwärtige Kapitalismus, Köln

Klassiker

Bucharin, Nicolai (1929) Imperialismus und Weltwirtschaft, Wien/Berlin
Dimitroff, Georgi (1971) Arbeiterklasse gegen Faschismus. Referat auf dem VII. Weltkongress der Komintern, Köln
Engels, Friedrich (1967) Brief an Conrad Schmidt 27. Oktober 1890, in: MEW 37, Berlin
Gramsci, Antonio (1991) Gefängnishefte, Band 2, Hamburg
Gramsci, Antonio (1992) Gefängnishefte, Band 4, Hamburg
Gramsci, Antonio (1996) Gefängnishefte, Band 7, Hamburg
Hilferding, Rudolf (1947) Das Finanzkapital, Berlin
Lenin, Wladimir Iljitsch (1959) Krieg und Revolution, in: Lenin Werke, Band 24, Berlin
Lenin, Wladimir Iljitsch (1960) Der Imperialismus als höchstes Stadium des Kapitalismus, in: Lenin Werke, Band 22, Berlin
Lenin, Wladimir Iljitsch (1960) Vorwort zu N. Bucharins Broschüre, »Weltwirtschaft und Imperialismus«, in: Lenin Werke, Band 22, Berlin
Lenin, Wladimir Iljitsch (1961) Über das Selbstbestimmungsrecht der Nationen, in: Lenin Werke, Band 20, Berlin
Lenin, Wladimir Iljitsch (1966) Der »linke Radikalismus«, die Kinderkrankheit im Kommunismus, in: Lenin Werke, Band 31, Berlin
Lenin, Wladimir Iljitsch (1972) Die drohende Katastrophe und wie man sie bekämpfen soll, in: Lenin Werke, Band 25, Berlin
Lenin, Wladimir Iljitsch (1972) Staat und Revolution, in: Lenin Werke, Band 25, Berlin, S. 393-507
Lenin, Wladimir Iljitsch (1975) Antwort an P. Kijewski (J. Pjatakow), in: Lenin Werke, Band 23, Berlin
Luxemburg, Rosa (1974) Sozialreform oder Revolution, in: Gesammelte Werke, Band 1/1, Berlin, S. 367-466
Luxemburg, Rosa (1975) Die Akkumulation des Kapitals, in: Gesammelte Werke, Band 5, Berlin
Marx, Karl (1969) Das Kapital Band I-III, in: MEW 23-25, Berlin
Marx, Karl / Engels, Friedrich (1975) Der Ursprung der Familie, des Privateigentums und des Staats, in: MEW 21, Berlin
Varga, Eugen S. (1961) Der Kapitalismus des zwanzigsten Jahrhunderts, in: Ausgewählte Schriften 1918–1964, Bd. 3, Berlin
Varga, Eugen S. (1974, 2. unveränderte Auflage) Die Krise des Kapitalismus und ihre politischen Folgen, Frankfurt/Main
Varga, Eugen S. (1982) Der Beginn der allgemeinen Krise des Kapitalismus, in: Ausgewählte Schriften 1918–1964, Bd. 1, Berlin

Studien, Abhandlungen, Dokumente

Abelshauser, Werner (2011) Deutsche Wirtschaftsgeschichte. Von 1945 bis zur Gegenwart, zweite, überarbeitete und erweiterte Auflage, München

Abendroth, Wolfgang (1982) Diskussionsbeitrag, in: Linke Sozialdemokraten & bundesrepublikanische Linke. Diskussion am Beispiel der Herforder Thesen, spw-Sonderheft 3, Berlin

Autorenkollektiv (1976) USA, Westeuropa, Japan – Imperialistische Zentren der Rivalität, IPW- Forschungshefte 1-1976, Berlin

Autorenkollektiv (1980) Herforder Thesen zur Arbeit von Marxisten in der SPD, Berlin

Autorenkollektiv (1981) Der Staat im staatsmonopolistischen Kapitalismus der Bundesrepublik, in: Beiträge des IMSF. Frankfurt/Main

Beckmann, Martin / **Bieling**, Hans-Jürgen / **Deppe**, Frank (2003) »Euro-kapitalismus« und globale politische Ökonomie, Hamburg

Binus, Gretchen (1981) Monopole in der staatsmonopolistischen Regulierung, in: IPW-Berichte 9-1981, Berlin

Binus, Gretchen (1996) Entstehung neuer Kapitalstrukturen in Ostdeutschland, in: Internationalisierung – Finanzkapital – Maastricht II, IMSF Forschung und Diskussion 12, Frankfurt/Main

Binus, Gretchen (2006) Konzernmacht in der Europäischen Union. Studie im Auftrag der Fraktion DIE LINKE im Deutschen Bundestag, Berlin

Boris, Dieter (2009) Die Unidad Popular in Chile (1970–1973) – ein gescheiterter Weg zum Sozialismus, http://vgs.univie.ac.at/_TCgi_Images/vgs/20090512120023_HSK28Boris208-222.pdf

Boris, Dieter (2013) Staatlichkeit und Transformationsprozesse in Lateinamerika, Hamburg

Boris, Dieter (2014) Bolívars Erben. Linksregierungen in Lateinamerika, Köln

Brie, Michael (2010) Solidarische Gesellschaftsformation – Skizze über eine (noch) unmögliche Möglichkeit, in: Horst Müller (Hrsg.) Von der Systemkritik zur gesellschaftlichen Transformation, Norderstedt

Canfora, Luciano (2012) Zeitenwende 1956, Entstalinisierung, Suez-Krise, Ungarn-Aufstand, Köln

Chmel'nickaja, E. L. (1959) Monopolkapitalismus in Westdeutschland, Moskau (russ.)

Chmel'nickaja, E. L. (1971) Studien zum gegenwärtigen Monopol, Moskau (russ.)

Coudenhove-Kalergi, Richard N. (1977) Paneuropa und die nationalen Minderheiten, zitiert nach: Opitz (Hrsg.), Europastrategien des deutschen Kapitals 1900–1945, Köln

Djomin, A.A. (1982) Staatsmonopolistischer Kapitalismus und staatsmonopolistische Komplexe, in: Theorie und Methode VI, Staatsmonopolistische Komplexe. Zu einer Kategorie der aktuellen Kapitalismusanalyse, Frankfurt/Main

DKP-Parteivorstand (1969) Grundsatzerklärung der Deutschen Kommunistischen Partei, Hamburg

DKP-Parteivorstand (1978) Programm der Deutschen Kommunistischen Partei, Neuss

DKP-Parteivorstand (2006) Programm der Deutschen Kommunistischen Partei, Essen

European Commission (2012) EU SMEs in 2012: at the crossroads, Rotterdam

Fülberth, Georg (2011) Kapitalismus, Köln

Gerns, Willi / **Steigerwald**, Robert (1977) Für eine sozialistische Bundesrepublik, Frankfurt/Main

Gerns, Willi / **Steigerwald**, Robert (1983) Antimonopolistischer Kampf heute, Frankfurt/Main

Hartmann, Michael (2007) Eliten und Macht in Europa. Ein internationaler Vergleich, Frankfurt/Main

Harvey, David (2003) Der »neue« Imperialismus: Akkumulation durch Enteignung, in: Supplement der Zeitschrift Sozialismus 5-2003, Hamburg

Heininger, Horst (1991) Bilanz und Probleme der marktwirtschaftlichen Transformation, in: IPW-Berichte, 7/8-1991, Berlin

Huffschmid, Jörg / **Jung**, Heinz (1988) Reformalternative. Ein marxistisches Plädoyer. Frankfurt/ Main

IPW-Forschungshefte (4-1988) Finanzkapital der BRD – ökonomische Macht- und Eigentumsstrukturen, Berlin

ISW, Institut für sozial-ökologische Wirtschaftsforschung, www.isw-muenchen.de/download/seminar-imperialimus-Im-03.pdf

Jung, Heinz (1990) Abschied von einer Realität. Zur Niederlage des Sozialismus und zum Abgang der DDR, Frankfurt/Main

Jung, Heinz u. a. (1973) Klassenstruktur und Klassentheorie – Theoretische Grundlagen und Diskussionen, in: Klassen- und Sozialstruktur der BRD 1950–1970; Teil I. (Hrsg. IMSF) Frankfurt/M.

Karras, Anne / **Schmidt**, Ingo (2004) Europa: lieber sozial als neoliberal. Attac Basis Texte 11, Hamburg

Kautsky, Karl (1915) Zwei Schriften zum Umdenken, in: Neue Zeit 33, Bd. 2, Berlin

Klein, Dieter (2010), Eine zweite große Transformation und die Linke, in: Kontrovers 1-2010, Berlin

Klein, Dieter (2013) Das Morgen tanzt im Heute. Transformation im Kapitalismus und über ihn hinaus, Hamburg

Landefeld, Beate (2008) Finanzgetriebener Kapitalismus. Was macht eigentlich die Bourgeoisie? http://belafix.wordpress.com/2008/10/22/

Leisewitz, André (1977) Klassen in der Bundesrepublik Deutschland heute, Frankfurt/Main

Lüdemann, Ernst (2013) Globalisierung – ein statistisches Kompendium, Berlin (unveröffentlichtes Manuskript) nach Survey of Current Business, Washington D. C., lfd.

Marchais, Georges [Verf. der Einleitung] (1972), Gemeinsames Regierungsprogramm FKP und SP. Frankfurt/Main

Monopolkommission (2008) Weniger Staat, mehr Wettbewerb, Siebzehntes Hauptgutachten der Monopolkommission 2006/2007, Bonn

Oberansmayr, Gerald (2004) Auf dem Weg zur Supermacht. Die Militarisierung der Europäischen Union, Wien

Oelßner, Fred (1960) Ein Beitrag zur Monopoltheorie, in: Probleme der politischen Ökonomie, Jahrbuch des Instituts für Wirtschaftsgeschichte (DAW), Berlin

Pevsner, J. A. (1976) Der Staat in der Wirtschaft Japans, Moskau (russ.)

Pflüger, Tobias / **Wagner**, Jürgen (2006) Welt-Macht Europa. Auf dem Weg in weltweite Kriege, Hamburg

Portuguese Communist Party (2012) Programme and Constitution. Democracy and Socialism – the values of [the] Abril [1974 Revolution] in the Future of Portugal, Lisbon

Pross, Helge (1965) Manager und Aktionäre in Deutschland. Untersuchungen zum Verhältnis von Eigentum und Verfügungsmacht, Frankfurt/Main

Rickens, Christian (2012) Ganz oben. Wie Deutschlands Millionäre wirklich leben, Köln

Röhr, Werner (2013) Volksregierung in Chile 1970–73. Streitfragen chilenischer Sozialisten zur Unidad Popular, Hamburg

Scheloske, Marc (2009) Wissenschaft und Wiedervereinigung, in: scienceblogs.de/wissenschaft, 26.11.2009

Schuhler, Conrad (2003) Unter Brüdern. Die USA, Europa und die Neuordnung der Welt, Köln

Schwank, Karl-Heinz (1977) Probleme der Wirtschaftsregulierung im Imperialismus, in: IPW-Berichte 3-77, Berlin

Simmler, Martin / **Rudelle**, Bérengère (2013) Deutsch französische Unternehmensbesteuerung: keine überzeugenden Fortschritte, in: DIW-Wochenbericht 8-2013, Berlin

Sonnemann, Rolf / **Etzold**, Heike (1965) Patent und Monopol, in: Jahrbuch für Wirtschaftsgeschichte, Teil I, Berlin

spw, Sozialistische Politik und Wirtschaft, Sonderheft 2 (1980) Herforder Thesen. Zur Arbeit von Marxisten in der SPD, Berlin

UNCTAD World Investment Report (2013) Global Value Chains: Investment and Trade for Development, New York / Genf

Wehr, Andreas (2011) Griechenland, die Krise und der Euro, Köln

Wehr, Andreas (2012) Die Europäische Union, Köln

Wehr, Andreas (2013) Der europäische Traum und die Wirklichkeit. Über Habermas, Rifkin, Cohn-Bendit, Beck und die anderen, Köln

Zagalow, G. N. (1980) Der MIK im System des US-Imperialismus. Fragen der aktuellen Entwicklung, in: Theorie und Methode VI -1982, Frankfurt/Main

Zeise, Lucas (2008) Ende der Party, Köln
Zeise, Lucas (2012) Euroland wird abgebrannt, Köln

Zeitschriftenartikel

Deppe, Frank (2012) Gewerkschaften in der Krise, in: Z. Zeitschrift marxistische Erneuerung, 92-2012, Frankfurt/Main
Deppe, Frank (2013) Vom Klassenkampf zum Wettbewerbskorporatismus. Die große Transformation der Gewerkschaften. In: Blätter für deutsche und internationale Politik, 2-2013
Goldberg, Jörg / **Leisewitz**, André (2013) Kapital und Nationalität, in: Z. Zeitschrift marxistische Erneuerung, 94-2013
Gudopp, Wolf-Dieter (1997) Der Imperialismus und »die Periode der Weltkriege«, in Marxistische Blätter, 3-97
Haug, Wolfgang Fritz (2009) Der gespaltene Kosmopolitismus des transnationalen Hightech-Kapitalismus. Editorial, in: Das Argument 282, Berlin
Heininger, Horst (1997) Zur Aktualität der Theorie des staatsmonopolistischen Kapitalismus, in: Z. Zeitschrift Marxistische Erneuerung, 31-1997, Frankfurt/Main
Hess, Peter (1990) Zur Aktualität der Imperialismustheorie, in: Z. Zeitschrift marxistische Erneuerung, 4-1990, Frankfurt/ M.
Huffschmid, Jörg (1975) Begründung und Bedeutung des Monopolbegriffs in der marxistischen politischen Ökonomie, in: Das Argument, Argument-Sonderband 6
Huffschmid, Jörg (1995) Reformalternative – Noch ein Abschied von noch einer Illusion, in: Neue Realitäten des Kapitalismus – Linke Positionsbestimmungen, IMSF Forschung & Diskussion 11, Frankfurt/Main
Huffschmid, Jörg (1995) Weder toter Hund noch schlafender Löwe. Die Theorie des staatsmonopolistischen Kapitalismus, In: spw-Zeitschrift für sozialistische Politik und Wirtschaft, 2-1995
Jessop, Bob (1995) Der Staat im marxistischen Denken der Nachkriegszeit, in: spw-Zeitschrift für sozialistische Politik und Wirtschaft, Dortmund, 85-1995
Jung, Heinz (1991) Defizite und Positionen marxistischer Kapitalismusanalyse, in: Z. Zeitschrift marxistische Erneuerung, 6-1991
Katzenstein, Robert (1975) Zur Frage des Monopols, des Monopolprofits und der Durchsetzung des Wertgesetzes im Monopolkapitalismus, in: Das Argument, Argument-Sonderband 6
Landefeld, Beate (2010) Europäisiert sich die Bourgeoisie? in: Marxistische Blätter, 1-2010
Landefeld, Beate (2011) Zur Struktur der herrschenden Klasse, in: Marxistische Blätter, 6-2011
Landefeld, Beate (2012) Formation, Stadium, Regime – zur Periodisierung des Kapitalismus, in: Marxistische Blätter, 2-2012

Rügemer, Werner (2013) Deutsches Kapital beherrscht Europa? In: Z. Zeitschrift Marxistische Erneuerung, 94-2013
Wimmer, Carolus (2013) Ohne organisierte Arbeiterklasse wird das nichts, in: Marxistische Blätter, 4-2013

Zeitungsartikel

Candeias, Mario / **Oberndorfer**, Lukas / **Steckner**, Anne (2014) Neugründung Europas? Strategische Orientierungen, in: neues deutschland vom 10.2.
Frankenberger, Klaus-Dieter (2012) Große Verunsicherung – wie die Krise Europa verändert, in: Frankfurter Allgemeine Zeitung vom 7.4.
Habermas, Jürgen / **Nida-Rümelin**, Julia / **Bofinger**, Peter (2012) Für einen Kurswechsel in der Europa-Politik, in: Frankfurter Allgemeine Zeitung vom 4.8.
Handelsblatt vom 3.11.2012, BDI-Präsident: Keitel wirft Steinbrück Realitätsferne vor
Hermsdorf, Volker (2013) Spielraum für Havanna wächst, in: junge Welt vom 17.12.
Hermsdorf, Volker (2014) Blamage für Washington, in: junge Welt vom 24.1.
Hermsdorf, Volker (2014) Unser Amerika, in: junge Welt vom 24.1.
Kronauer, Jörg (2012) Die Berater, in: junge Welt vom 20.12.
Kronauer, Jörg (2013) West-östliche Gehilfin, in: junge Welt vom 17.1.
Landefeld, Beate (2012) Wer kontrolliert die DAX-Konzerne?, in: Unsere Zeit vom 6.4.
Marinos, Giorgos (2013) Zum 15. Internationalen Treffen der Kommunistischen und Arbeiterparteien in Lissabon, in: Rizospastis vom 15.12. (Übersetzung der KKE-Homepage, abgerufen 20.5.2014)
Sohn, Manfred (2013) Der Kapitalismus, die Linken und die Zeit-Diebe, in: neues deutschland vom 10./11.8.